흥미진진 오싹

핵의 세계사

흥미진진 오싹

핵의 세계사

아인슈타인에서 AI까지
핵무기 이야기

★ ★ ★ ★ ★ 정욱식 글
소복이 그림

갈마바람
Galmabaram

BTS의 티셔츠에서
시작하는 핵 이야기

올해는 인류 앞에 등장한 핵무기가 실제로 사용된 지 80년째 되는 해입니다. 그 80년 동안 많은 일이 있었습니다. '신의 불'을 훔친 나라는 자신의 힘을 과시하기도 했고, 그렇지 못한 나라는 부러움과 두려움의 시선으로 그들을 바라보기도 했고, 어떤 나라는 동맹국의 핵우산 아래에 들어가기도 했고, 어떤 나라는 기어코 핵무기를 만들기도 했습니다. 그런가 하면 많은 사람들이 "핵무기가 인류를 없애기 전에 우리가 핵무기를 없애야 한다"라며 반핵운동에 나서기도 했지요.

핵무기를 직접 본 사람이 거의 없기에 실감이 잘 나지는 않겠지만, 사실 핵은 우리 생활과 밀접한 연관을 갖고 있어요. 여성들이 즐겨 입는 수영복 '비키니'는 핵실험이 이루어진 장소 비키니섬에서 이름을 따온 거예요. 한편 2018년 가을에는 이런 일도 있었어요. 여러분도 잘 아는 방탄소년단(BTS)이 일본의 한 방송국에 출연할 예정이었는데, 갑자기 방송국에서 예전에 BTS 멤버가 입었던 티셔츠를 문제 삼으면서 출연을 취소해 버렸습니다. 그 티셔츠 뒷면에 광복에 환호하는 우리나라 사람들과 원자폭탄 투하 장면을 담은 사진이 인쇄되어 있었고, 영어로 'PATRIOTISM(애국심)', 'OUR HISTORY(우리 역사)', 'LIBERATION(해방)', 'KOREA(한국)' 같은 단어가 쓰여 있었거든요. 핵폭탄 덕분에 우리가 해방되었다는 의미를 품고 있었죠.

이를 두고 일본의 일부 우익들은 BTS가 반일 감정을 조장한다며 반발했고, 이들의 태도에 분개한 우리나라 사람들도 일본을 비난했습니다. 다행히 BTS 소속사가 원폭 피해자들에게 사과의 뜻을 표하고, BTS의 도쿄돔 공연이 성황리에 끝나면서 논란은 일단락되었습니다. 하지만 저는 이렇게 그냥 넘어가서는 안 된다고 생각했습니다. 티셔츠 제작 업체는 우리나라의 광복을 티셔츠에 표현해 보았다며 제작 취지를 이렇게 설명했습니다.

"나라를 빼앗기고 식민 지배를 받던 일제강점기라는 긴 어둠의 시간을 지나 나라를 되찾은 날이 바로 '광복절'입니다. 1945년 7월

26일 미·영·중은 포츠담선언에서 대일(對日) 처리 방침을 명시함과 아울러 항복을 요구했습니다. 일본이 이를 묵살하자 미국은 8월 6일 히로시마에, 9일 나가사키에 원자폭탄을 투하했고 나가사키 원폭 투하 6일 후인 8월 15일, 일본은 연합군에 무조건 항복을 선언했으며 9월 2일 항복 문서에 사인하면서 공식적으로 태평양전쟁과 2차 세계대전이 끝났습니다."

결사 항전하던 일본이 두 발의 핵폭탄을 맞고 무조건적인 항복을 선언함으로써 전쟁이 끝났고 우리는 해방을 맞이했다는 말입니다. 당시 미국의 원폭 투하도 불가피한 선택이었다는 뜻이고요. 여러분도 교과서에서 이렇게 배웠을 겁니다. 하지만 독일과 프랑스가 함께 만든 역사 교과서에서는 이런 질문을 던지고 있습니다.

"원자폭탄이 아니었다면 연합군은 일본의 항복을 받아 낼 수 없었을까? 어쩌면 미국은 이 값비싼 신무기의 파괴력을 시험해 보는 동시에, 자국의 우월성을 소련에 과시할 기회를 찾고 있었던 것은 아닐까?"

어떤가요? 같은 사건이지만 다른 관점에서 말하고 있다는 것을 알 수 있지요? 우리나라 학생들이 배우는 교과서에서는 미국의 원폭 투하가 '해방의 무기'로 여겨지도록 설명되고 있지만, 독일과 프랑스의 학교에서는 미국의 원폭 투하가 반드시 필요한 일이었는지 비판적으로 바라볼 수 있는 관점을 제시하고 있습니다. 실제로 역사적 진실은 우리의 상식과 큰 차이가 있습니다.

이런 차이를 보면서 과연 핵이란 무엇인지 호기심이 생기지 않나요? 현재 초등학교 6학년인 제 아들도 틈만 나면 핵무기가 어쩌고저쩌고 떠들곤 합니다. 저는 청소년 여러분이 핵에 대해 진지하게 생각해 보면 좋을 것 같아 이 책을 썼습니다. 첫 책은 2020년에 펴냈는데, 5년이 지나는 동안 세계 질서가 요동치고 북한의 핵능력이 강화되면서 한국의 핵무장론도 거세지는 등 많은 변화들이 있었습니다. 인공지능(AI)도 우리 앞에 성큼 다가왔고요. 그래서 이런 변화상을 반영해 개정판을 출간하게 되었습니다. 핵이야말로 절멸의 두려움과 절대 권력을 향한 인간의 욕망이 고스란히 담겨 있는 우리 시대의 딜레마 그 자체입니다. 우리 청소년도 마땅히 핵에 대해 알아야 하는 까닭이기도 하지요.

2025년 8월
서울 망원동 평화네트워크 사무실에서
정욱식

흥미진진하면서도 오싹한 핵의 세계사 여행에 초대합니다

여러분은 '핵무기' 하면 무엇이 떠오르나요? 예전에 청소년들에게 질문했더니 이런 대답을 했어요.

"생각 안 해 봤는데요."

"무시무시해요."

"핵무기 만든 북한 나빠요."

"우리도 가져야 해요."

"김정은 위원장이 진짜로 핵을 포기할지 궁금해요."

영국의 세계적인 물리학자 스티븐 호킹 박사는 2012년에 맞이한 일흔 살 생일에 이렇게 말했어요.

"저는 핵전쟁이나 지구온난화 같은 재앙으로 인류가 1천 년 이

내에 멸망한다고 생각해요.”

'1천 년 이내'라는 시간은 까마득한 먼 훗날일 수도 있지만, 당장 내일이 될 수도 있어요. 그리고 핵무기는 인류뿐 아니라 지구 자체의 파멸을 가져올 수 있는, 인간의 유일한 발명품입니다. 1945년 미국이 일본 히로시마와 나가사키에 떨어뜨린 2개의 원자폭탄으로 20만 명이 넘는 사람들이 죽었어요. 현대식 핵무기는 이보다 파괴력이 훨씬 강합니다. 그런 핵무기가 지구상에 1만 개가 넘게 있어요. 지구를 수십 번이나 파괴할 수 있는 폭발력을 갖고 있지요. 정말 오싹하지 않나요?

사람들은 왜 이런 무시무시한 무기를 만들었을까요? 여러분, 알프레드 노벨이라는 이름 들어 봤지요? 맞아요. 노벨상을 만든 분이에요. 다이너마이트를 발명해 큰돈을 벌었는데, 전쟁 없는 세상과 인류의 과학 발전을 위해 노벨상을 만들었어요. 노벨은 다이너마이트 같은 대량 살상 무기가 사용되는 전쟁은 너무나도 끔찍하기 때문에 사람들이 전쟁을 일으키지 않을 것이라고 기대했어요. 하지만 그런 기대와 달리 세계대전이 두 차례나 일어나고 말았죠.

그런데 노벨과 비슷한 꿈을 꾼 사람들이 있었어요. 미국의 비밀 핵무기 개발 계획인 '맨해튼 프로젝트'에 참여했던 과학자들입니다. 그들 역시 핵무기를 만들면 인류가 더는 전쟁을 상상하지 못할 것이라고 생각했어요. 미국의 실험물리학자로 맨해튼 프로젝트에 참여했던 루이스 월터 앨버레즈라는 과학자가 있는데요, 그 사람도 노벨과 같은 생각을 품고 있었답니다. 1945년 8월 6일 아침 B-29 폭격기에 탑승해 히로시마에 원자폭탄이 떨어지는 것을 목격한 그는 귀환하는 길에 편지를 썼습니다. 아들이 커서 읽어 보길 바라고 남긴 편지에는 이렇게 쓰여 있었어요.

"우리가 새로 개발한 파괴적인 폭탄은 그 위력이 (다이너마이트보다) 수천 배 더 대단하단다. 노벨의 꿈이 실현될 수도 있다고 보는 근거야."

하지만 일부 핵 과학자들은 나중에 반핵운동에 앞장서며 반대의 목소리를 높입니다. 이건 본문에서 설명할게요.

"힘이 있어야 평화를 지킨다."

많이 들어 본 말이지요? 많은 나라가 안보 정책의 정신으로 삼고 있는 말입니다. 그래서 가능하다면 핵무기를 갖고 싶어 합니다. 핵무기가 가장 강력한 무기니까 핵무기를 갖고 있으면 다른 나라가 함부로 건드리지 못한다고 생각하는 것이지요. 또 정글과도 같은 국제사회에서 힘 좀 쓰려면 핵무기 같은 든든한 뒷배가 있어야 한다고 믿는 나라도 있답니다.

"어떤 나라가 핵무기를 갖고 있으면, 다른 나라도 갖고 싶어 한다.”

핵무기 확산의 명제처럼 거론되는 말입니다. 실제로 미국이 가지니까 소련이 가졌고, 소련이 가지니까 영국과 프랑스도 갖고, 미국과 소련한테 위협받던 중국도 갖고, 중국이 가지니까 경쟁국인 인도도 갖고, 그러니까 그 옆에 있는 파키스탄도 갖고…. 이런 식이지요.

중동의 이슬람 국가들 사이에서 섬처럼 존재하는 이스라엘도 핵무기를 가져야 살 수 있다고 믿었어요. 미국과 오랜 시간 대결해 온 북한도 마찬가지입니다. 북한이 가지니까 남한도 가져야 한다는 목소리 역시 갈수록 커집니다. 이것이 바로 핵 군비경쟁입니다. 도미노 블록 하나가 넘어지면 옆에 있던 블록들이 연달아 넘어지는 것처럼, 한 나라가 핵을 가지면 다른 나라들도 갖고 싶어 한다고 해서 이를 '핵 도미노' 현상이라고 합니다.

혹시 다 세어 봤나요? 현재까지 북한을 포함해 아홉 나라가 핵무기를 갖고 있어요. 여러분 생각에는 많은 것 같나요, 적은 것 같나요? 2025년 현재 유엔 회원국이 193개국입니다. 이 가운데 9개국이 갖고 있으니 적은 것 같죠? 그러면 나머지 나라들은 왜 안 가지고 있을까요? 핵무기가 평화도 지켜 주고 국제 무대에서 목소리도 높여 준다면 말이죠. 납득이 잘 안 되죠?

일반적으로 무기는 전쟁 때 쓰려고 만듭니다. 핵무기도 예외는 아닙니다. 그런데 갈수록 예외가 되고 있어요. 핵무기가 실전에 사용된 건 2차 세계대전 때 미국이 일본에 떨어뜨린 게 유일해요. 한국전쟁은 미국이 처음으로 이기지 못한 전쟁이었어요. 하지만 미국은 핵무기를 쓰지 않았어요. 베트남전쟁은 미국이 처음으로 진 전쟁이에요. 그때도 핵무기를 쓰지 않았어요. 2000년대에 들어 미국은 이라크와 아프가니스탄을 침공했는데, 이 전쟁들에서 엄청 고전하면서도 핵무기를 못 썼어요. 미국뿐만이 아니에요. 아프가니스탄전쟁에서 패전한 소련도, 아르헨티나와 포클랜드전쟁을 벌인 영국도, 1960년대 아프리카 여러 나라들과 민족해방전쟁을 치러야 했던 프랑스도, 영토 분쟁을 벌여온 인도와 파키스탄도, 여러 차례 중동전쟁을 벌인 이스라엘도 핵무기를 못 썼어요. 2022년 2월 우크라이나를 침공한 러시아도 아직까지는 핵무기를 쓰지 않고 있어요. 왜 그럴까요?

많은 사람이 핵무기는 나빠도 전기를 만드는 핵발전, 즉 원자력은 나쁘지 않다고 생각해요. 좋은 건 아니지만 전기를 사용하려면 어쩔 수 없는 것 아니냐고 생각하죠. 저도 한때 그렇게 생각했는데, 2011년 3월 11일 일본 후쿠시마에서 발생한 원전 사고 이후 생각이 달라졌어요. 이 사고로 일본이라는 큰 나라가 망할 뻔했거든요. 당시 일본 총리였던 간 나오토의 말을 들어 볼게요.

"3·11 후쿠시마 재앙을 겪은 뒤 생각이 달라졌습니다. 우리는 도쿄를 포함해 수도권에서 살지 못하고 피난을 가야 할 수도 있는 상황과 마주했습니다. 그 정도 상황까지 가면 국민들은 고난을 겪을 뿐 아니라 일본이라는 나라의 존재 자체가 위험에 빠집니다."

일본은 한국보다 영토도 크고, 인구도 많고, 경제력도 강합니다. 그런 일본에서 원전 사고가 발생하자 나라의 존폐까지 걱정할 정도였는데, 만약 우리나라에서 이런 사고가 나면 어떻게 될까요? 정말 생각만 해도 끔찍합니다. 설마 그런 일이 일어나겠느냐고요? 설마가 사람 잡습니다. 예전에 미국과 어깨를 나란히 했을 만큼 강대국이었던 소련이 망한 이유 중 하나가 1986년 체르노빌 원전 사고입니다. 그런데 2025년 현재 우리나라에는 24기의 원전이 있습니다. 가끔씩 규모가 큰 지진도 발생하고요. 심각하게 생각해 봐야 하지 않을까요?

핵'무기'든 핵'발전'이든, 일단 터지면 무시무시한 결과를 가져옵니다. 폭발력 자체도 어마어마하지만 핵에서 나오는 방사능은 시간과 공간, 그리고 인간의 감각을 초월해 공격해 오거든요. 방사능이 무서운 건 보이지도, 만지지도, 들리지도, 냄새가 나지도, 피부에 느껴지지도 않기 때문이에요. 공포영화에서도 공포의 실체를 알 수 없을 때 더 무섭잖아요.

히로시마와 나가사키의 원폭 피해자들은 평생을 후유증에 시달리며 살았어요. 그리고 그 피해는 당사자에 그치지 않고 자손한테까지 이어져 많은 사람이 고통을 겪었습니다. 한편 소련의 체르노빌 원전 폭발 사고로 지금까지 수십만 명이 목숨을 잃었다고 해요. 그곳에서 수천 킬로미터 떨어진 곳에서도 방사능이 검출되었고요. 그런데도 피해는 아직 끝나지 않았습니다. 사고 직후 소련은 체르노빌 원전을 거대한 콘크리트 돔으로 덮었어요. 그런데 이 콘크리트 돔의 수명이 다하면서 곳곳에서 방사능이 유출되었습니다. 그래서 2016년에는 더 튼튼한 강철 돔으로 덮었어요. 이 강철 돔의 수명은 100년이라고 합니다. 100년 후에는 어떻해야 할까요? 다시 더 크고 강한 것으로 덮어야 한다는군요.

한반도 북쪽에 있는 북한은 지금까지 모두 여섯 차례 핵실험을 강행했습니다. 21세기 들어 전 세계에서 여섯 번의 핵실험이 있었는데, 모두 북한이 했어요. 핵실험을 전후해 미사일 시험 발사도 했고요. 핵무기는 운반 수단과 만날 때 더 큰 위협이 되는데요, 북한은 두 가지 능력을 모두 확보한 셈입니다. 그러자 '눈에는 눈, 핵에는 핵'으로 맞서야 한다며 우리도 핵무장을 해야 한다는 목소리가 커지고 있습니다. 하지만 핵무장을 하려면 득과 실을 냉정하게 잘 따져 봐야 합니다.

저는 왜 핵에 관한 무시무시한 이야기를 여러분께 들려주고 있을까요? 두 아이의 아빠인 저도 아름답고 좋은 이야기만 하고 싶어요. 하지만 우리가 사는 세상이 아름답기만 한 건 아닙니다. 특히 핵이 그래요. 어른들의 욕망으로 달궈진 핵은 이제 사람이 손쓰기 힘들 정도로 무시무시한 괴물이 되고 말았어요. 게다가 핵무기든 핵발전소든, 일단 터지면 어린이와 청소년이 가장 큰 피해자가 되고 맙니다. 어릴수록 면역력이 약해 방사능에 공격받을 위험이 크기 때문이지요. 운 좋게 살아남더라도 평생을 피폭의 고통에서, 게다가 방사능으로 오염된 땅에서 살아가야 합니다. 그런데도 어른들은 어린 사람들에게 한마디 의견도 묻지 않고 핵무기도 만들고 핵발전소도 짓고 있어요.

그래서 저는 어린이와 청소년도 핵을 알아야 한다고 생각합니다. 불편하고 어려운 이야기일지라도 여러분이 알아야 바꿀 수 있는 희망이 생기니까요. 이것이 제가 여러분을 오싹하면서도 흥미진진한 핵의 세계사 여행에 초대하는 이유입니다. 독일 작가 구드룬 파우제방이 쓴 소설 《핵폭발 그 후로도 오랫동안》에는 2020년에 핵발전소 폭발이 일어납니다. 그리고 41년 후인 2061년에 15세 소녀인 주인공 비다가 이렇게 말합니다.

"나는 우리 할아버지와 할머니, 혹은 증조할아버지와 증조할머니가 일찍부터 원자력산업에 좀 더 깊은 관심을 기울였다면 사정이 이렇게까지는 되지 않았을 거라고 생각해. 좀 더 꼼꼼히 따졌더라면, 더욱 책임감을 가졌더라면 좋았을 것을⋯. 그러나 거의 강 건너 불 보듯 했대. 그냥 지금 나만 잘살면 그만이다, 하고 말이야. 우리 같은 손자, 손녀가 겪을 수도 있는 어려움은 생각도 하지 않은 거야."

저는 나중에 이런 원망을 듣고 싶지 않습니다. 이 다짐이 이 책에 녹아 있습니다.

인간을 사랑한 프로메테우스는
제우스 몰래 불을 훔쳐 인간에게 주었습니다.

인류에게 핵이라는 불을 선사한 오펜하이머는
아메리칸 프로메테우스 라는 별명을 얻었습니다.

1

<h1 style="text-align: right">왜 신의 불을
훔쳤나요?</h1>

신의 불   그럼 지금부터 본격적으로 핵무기 이야기를 시작해 볼게요. 여러분, 앨버트 아인슈타인 잘 알지요? 그는 핵무기가 탄생하는 데 중요한 역할을 했어요. 아인슈타인은 1905년에 질량과 에너지가 서로 변환될 수 있고 작은 질량이라도 빛의 속도와 만나면 엄청난 에너지를 만들어낸다는 'E=mc²' 공식을 발표했어요. 이게 바로 핵폭발의 원리입니다. 또 아인슈타인은 1939년 프랭클린 루스벨트 미국 대통령에게 편지를 보내 핵폭탄 개발을 주문하기도 했지요. 이에 대해서는 나중에 다시 이야기할게요.

과학자들은 핵을 '신의 불'이라고도 불러요. 인간이 손을 대면 안 될 물질을 손에 넣으면서 인류 사회의 딜레마가 시작되었다고 여기기 때문이지요. 미국의 천재 과학자 로버트 오펜하이머의 별명은 '핵폭탄의 아버지'이자 '아메리칸 프로메테우스'입니다. 반항적인 그리스의 신 프로메테우스가 아버지인 제우스의 불을 훔쳐 인류에게 주었듯이, 오펜하이머는 인류에게 핵이라는 불을 선사했다고 이런 별명이 붙었어요. 오펜하이머는 맨해튼 프로젝트의 연구소장이었거든요. 여러분도 이 사람의 일대기를 다룬 영화 〈오펜하이머〉를 보길 바랍니다.

핵의 발명은 인류 역사에 가장 큰 영향을 미친 과학적 발명이었고, 2차 세계대전*은 인류 역사의 가장 큰 비극이었습니다. 그리고 이 두 가지는 밀접한 연관이 있어요. 핵의 발명이라는 과학적 성과는 2차 세계대전 발발이라는 정치적 사건과 만나면서 탄생했기 때문입니다.

2차 세계대전 발발이 초읽기에 들어간 1930년대 후반, 일부 물리학자들은 엄청난 무기의 출현 가능성에 주목하고 있었어요. 바로 핵분열 연쇄반응을 이용한 원자폭탄이었죠. 과학자들은 '누가 먼저 이 무기를 손에 넣느냐에 따라 인류 역사가 바뀔 것'이라고 생각했

★   2차 세계대전은 1939년 9월 1일부터 1945년 9월 2일까지 치러진 전쟁으로, 인류 역사상 가장 많은 인명 피해와 재산 피해를 남겼습니다. 이 전쟁으로 군인 2천만 명, 민간인 4천만 명이 사망했습니다.

어요.

그런데 2차 세계대전을 일으킨 사람이 누구죠? 여러분도 많이 들어 본 나치 독일의 아돌프 히틀러입니다. 히틀러는 독일 게르만 민족의 생존과 번영을 위해서는 다른 민족과 투쟁해야 하고, 독일을 위협하는 모든 민족과 사상과 제도를 없애 버려야 한다고 생각했어요. 정말 위험한 사람이었죠.

당시 과학자들은 이 점을 두려워했어요. '잔악무도한 히틀러가 무시무시한 핵무기를 먼저 갖게 된다면….' 이 끔찍한 가정이 실현되었을 때의 결과를 누구보다 잘 알고 있던 과학자들은 제우스에게 불을 훔쳐 인간에게 전해 준 프로메테우스를 자처하게 됩니다. 히틀러가 핵을 갖기 전에 미국이나 영국이 먼저 가져야 한다고 생각한 것이죠.

맨해튼 프로젝트 1930년대 후반 들어 핵무기의 원리가 과학적으로 입증되자 몇몇 나라들이 이에 관심을 갖기 시작했어요. 당연히 나치 독일도 핵무기 개발에 관심을 가졌고요. 그러자 동료 과학자들이 아인슈타인을 설득하고 나섰어요. 미국 대통령인 루스벨트에게 편지를 보내 핵무기 개발에 착수하도록 설득하라고 아인슈타인에게 부탁한 거죠. 평화주의자였던 아인슈타인은 고민에 빠졌어요. 하지만 미국이 주저하는 사이에 히틀러가 먼저 핵무기를 손에 쥐게 될까 봐 결국 루스벨트에게 편지를 보냈어요. 물리학자들이 원자폭탄 개발이 가능하다는 것을 과학적으로 입증했고, 나치 독일은 핵무기 개발에 관심을 갖고 있으니, 미국이 먼저 원자폭탄을 손에 넣어야 한다는 내용이었어요. 당시 영국 총리였던 윈스턴 처칠 역시 루스벨트를 적극 설득했답니다.

이러한 과정을 통해 탄생한 것이 바로 '맨해튼 프로젝트'입니다. 1942년 8월 13일 시작된 이 프로젝트에는 미국 육군의 레슬리 그로브스 장군이 총책임자로, 오펜하이머가 연구소장으로 참여했습니다. 그리고 미국보다 먼저 핵무기 개발을 검토했던 영국을 비롯한 여러 나라의 과학자들도 참여했어요.

그런데 영국은 왜 자기 나라에서 핵무기를 만들지 않고 미국에 부탁했을까요? 여기에는 몇 가지 까닭이 있습니다. 먼저 핵무기를 만드는 데에는 엄청난 돈과 인력이 필요합니다. 맨해튼 프로젝트에 무려 13만 명의 총인원과 현재 가치로 약 300조 원의 예산이 투입된 것만 봐도 잘 알 수 있지요. 당시 이 정도의 인력과 재정 지출을 감당할 수 있는 나라는 미국밖에 없었습니다. 그리고 무엇보다 비밀을 유지해야 했어요. 그런데 영국은 땅도 작은 데다 독일의 폭격에 노출되어 있었어요. 반면 미국은 땅이 어마어마하게 커서 비밀을 유지하기도 쉬웠고, 대서양을 사이에 두고 있었기 때문에 독일한테 폭격을 당할 걱정도 없었거든요. 당시 과학자들의 눈에는 미국이야말로 '신의 불'을 달구는 데 안성맞춤인 곳이었어요.

꼬마, 뚱보, 가제트   맨해튼 프로젝트에 참여한 과학자들은 '히틀러보다 먼저'를 가슴에 새긴 채 밤낮을 가리지 않고 원자폭탄 개발에 매진했습니다. 그 결과 1945년 초여름 3개의 핵무기를 만드는 데 성공했어요. 3개의 핵무기 가운데 2개는 플루토늄 핵폭탄이었는데, 각각 '가제트(Gadget)'와 '뚱보(Fat Man)'라는 이름이 붙여졌고, 나머지 우라늄 핵폭탄에는 '꼬마(Little Boy)'라는 이름이 붙여졌어요. 아주 친근한 이름들이죠? 그런데 이들은 정말 무시무시한 힘을 갖고 있었어요.

혹시 '가제트'라는 이름을 들어 본 적이 있나요? 오래전 어린이들이 즐겨 보던 만화영화 가운데 〈컴퓨터 형사 가제트〉가 있었어요. 당시 어린이들에게 아주 친숙한 이름인 가제트가 사실 핵 시대를 열어젖힌 핵폭탄의 이름으로 먼저 쓰인 거예요. 우리말로 '기계 장치'를 뜻하는 핵폭탄 '가제트'는 1945년 7월 16일 새벽 5시 30분 미국

맨해튼 프로젝트에 참가한 과학자들은 1945년 초여름 '가제트(위 사진)',
'뚱보(가운데 사진)', '꼬마(아래 사진)'라는 친근한 이름을 가진
무시무시한 핵폭탄을 개발하는 데 성공했습니다.

뉴멕시코 사막에 만들어진 높이 30미터의 탑에 올라섰습니다. 그리고 엄청난 폭발음과 햇빛보다 강렬한 빛을 내뿜으며 '핵 시대'의 개막을 알렸습니다. 과학자들이 예측한 것보다 서너 배는 더 강력한 20킬로톤*의 폭발력을 보인 이 실험은 12킬로미터 상공까지 치솟은 버섯구름과 깊이 3미터, 폭 330미터나 되는 거대한 웅덩이를 만들어 냈어요.

과학자들은 놀라움을 금치 못했어요. 어마어마한 불덩어리를 목격한 케네스 베인브리지 박사는 오펜하이머에게 "이제 우리는 모두 개자식이 되었다"라고 탄식했어요. 오펜하이머도 "나는 죽음, 세계의 파괴자가 되었다"라고 탄식했다고 해요. 그는 자신의 처지를 인간에게 불을 건넸다가 제우스의 노여움을 산 프로메테우스, 다이너마이트가 전쟁을 종식시켜 줄 것으로 믿었던 노벨에 비유하기도 했어요. 인류의 불안한 미래를 암시하듯, 이 실험이 이루어진 사막의 이름은 "호르나다 델 무에르토(Jornada del Muerto)", 즉 스페인어로 '죽음의 여정'을 뜻했답니다.

★ 킬로톤은 1,000톤의 무게 또는 질량을 표현하는 단위로 핵폭탄의 위력을 나타낼 때도 사용됩니다. 1킬로톤은 티엔티(TNT) 화약 1,000톤의 폭발력과 같습니다.

핵무기와

핵발전은

같은 원료를 사용하여

같은 원리로 작동합니다.

그리고
인간의 잘못된 판단으로

끔찍한 재앙을 일으킨다는
점에서도 다르지 않습니다.

2

핵무기와 핵발전은
무엇이 다른가요?

더는 쪼개질 수 없는 물질　핵무기가 만들어지게 된 역사적 배경을 알았으니 이제 과학 이야기로 넘어 갈게요. '아는 만큼 보인다'는 말이 있잖아요? 이 말은 핵의 과학적 이해에도 딱 맞는 말이랍니다.

여러분, 혹시 만화영화 〈아톰〉 아세요? 제가 어렸을 때 인기 있던 만화영화입니다. 아톰이라는 작은 로봇이 큰 로봇을 물리치면서 지구의 평화를 지킨다는 내용인데, 만화 속 아톰은 얼마나 단단한지 아무리 공격당해도 부서지지 않았어요. 고대 그리스 과학자인 데모크리토스가 더는 쪼개질 수 없는 물질을 아톰(Atom, 원자)이라고 했는데, 주인공의 이름 아톰도 여기서 유래한 것이지요.

그런데 20세기 들어서면서 원자도 쪼개질 수 있다는 것이 과학적으로 입증되기 시작했어요. 원자에 다른 원소들이 들어 있다는 게 확인되었거든요. 1908년 어니스트 러더퍼드는 원자가 전자와 양성자 등이 포함된 복잡한 구조를 갖고 있다는 것을 밝혀냈어요. 1932년 제임스 채드윅은 중성자의 존재를 알아냈고요. 이러한 과학적 발견에 힘입어 원자는 중앙에 원자핵이 있고 그 주변을 양성자와 중성자가 도는 모양으로 구성되었다는 것이 밝혀집니다. 이게 핵무기와 무슨 관계가 있느냐고요?

자연에 존재하는 원소 가운데 가장 무거운 원소는 우라늄 원자입니다. 원자는 분열하면서 에너지를 발산하지요. 그리고 위에서 설명한 것처럼 원자가 쪼개질 수 있다는 것도 과학적으로 이미 밝혀졌고요. 그래서 당시 일부 과학자들은 우라늄 원자가 중성자를 흡수하면 새로운 원소를 만들어 낼 것으로 생각했어요. 이를 밝혀낸 사람이 독일에서 영국으로 망명한 오토 프리시 박사였어요. 그는 특정한 조건에서 원자핵이 2개로 분열할 수 있다는 사실을 밝혀내 이를 '핵분열'이라고 명명했답니다.

이게 바로 원자폭탄의 이론적 근거인 핵분열반응입니다. 원리는 이렇습니다. 핵물질이 중성자 1개를 흡수하면 2개의 핵분열 생성 물질로 쪼개지면서 2, 3개의 중성자를 방출하게 되고, 이 과정에

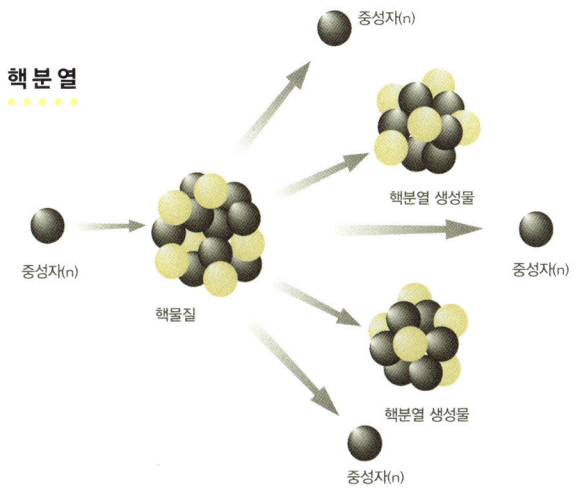

핵 분 열

중성자(n)

핵분열 생성물

중성자(n)

중성자(n)

핵물질

핵분열 생성물

중성자(n)

서 에너지가 나옵니다. 그림으로 나타내면 위와 같습니다.

그런데 핵분열반응 때 세 가지 현상이 나타납니다. 먼저, 위의 그림에서 보이는 것처럼 중성자를 흡수한 우라늄 원자(핵물질)가 2개로 분열될 수 있습니다. 다음으로, 우라늄 원자를 2개 이상으로 분열시킨 중성자가 또 만들어지면서 우라늄 원자를 계속 분열시켜 하나의 핵물질이 기하급수적으로 분열하게 됩니다. 이를 '핵분열 연쇄반응'이라고 합니다. 끝으로, 핵분열반응 시 아인슈타인의 유명한 공식인 $E=mc^2$에 따라 강력한 에너지가 발생합니다. 즉 '에너지는 질량 곱하기 속도의 제곱'이라는 원리에 따라 핵분열반응은 동일한 질량의 다이너마이트보다 약 1만 배의 폭발력을 갖게 됩니다.

그런데 이러한 핵분열 연쇄반응을 일으키기 위해서는 몇 가지 조건이 필요합니다. 무엇보다 핵분열물질이 있어야 하는데요, 대표적인 것이 우라늄235(U-235)와 플루토늄 두 가지입니다. 또한 핵분열 연쇄반응이 지속되는 상태, 즉 '임계 상태'를 유지하기 위해서는 일정량의 핵분열물질이 필요한데요, 이를 '임계량'이라고 합니다. 보통 우라늄235는 20킬로그램 정도, 플루토늄은 5킬로그램 정도가 필요합니다.

2011년 3월 11일 후쿠시마 원전 사고

핵'폭탄'과 핵'발전'의 기본적인 차이도 여기에서 비롯됩니다. 일단 두 가지 모두 핵분열 연쇄반응에 기초한다는 점은 같습니다. 그런데 연쇄반응의 속도를 크게 높이면 순간적으로 엄청난 에너지가 발생하는 것이 바로 핵폭탄의 원리인 반면, 연쇄반응의 속도를 일정하게 낮은 수준으로 유지하면 에너지도 일정량으로 나오는 것이 핵발전의 원리입니다. 따라서 원자로의 핵분열반응을 낮은 수준으로 유지하기 위해서는 냉각제와 제어장치가 필수입니다. 그런데 이 냉각제와 제어장치가 고장나면 핵발전소가 폭발할 위험

2011년 3월 12일 후쿠시마 제1원전에서 수소 폭발이 일어나면서
원자로 격벽이 붕괴해, 다량의 방사성 물질이 유출되는 사고가 발생했습니다.

이 커집니다. 2011년 3월에 발생한 후쿠시마 원전 사고도 냉각 시
설과 제어장치의 고장 때문에 발생했어요.

핵의 원리에 대해 좀 더 깊이 들어가 볼까요? 천연 상태에 존재
하는 우라늄은 99퍼센트가 우라늄238인데 이 물질은 핵분열을 일
으키지 못합니다. 핵분열 물질인 우라늄235는 0.7퍼센트만 존재하
는데요, 그래서 필요한 게 바로 우라늄 농축입니다. 우라늄 농축은
우라늄238의 비율을 줄이고 단위 부피당 우라늄235의 함량을 높이
는 작업을 말합니다. 대개 3~5퍼센트로 농축한 우라늄235는 핵발

2012년 2월, 후쿠시마 제1원전에서 200킬로미터가량 떨어진
지바현 가시와시의 일부 지역에서 다른 지역보다 유난히 방사선량이
높게 나타나 출입금지 푯말을 붙여 놓았습니다.

전소의 연료로, 90퍼센트 이상 농축한 우라늄235는 핵무기 물질로
분류됩니다. 그런데 순두부를 만들면 두부도 만들 수 있겠지요? 우
라늄 농축도 마찬가지랍니다. 저농축에서 고농축으로 가는 건 기술
적으로 그리 어렵지 않아요. 다량의 시설과 전력을 사용하면 고농
축 우라늄을 만들 수 있어요.

　우라늄 말고 핵분열물질이 뭐가 있다고 했죠? 네, 플루토늄입
니다. 우라늄235는 자연에 존재하는 물질인 반면, 플루토늄은 인간

이 만들어 낸 물질이랍니다. 1940년 미국 버클리 대학의 과학자들은 우라늄238이 1개의 중성자를 흡수하면 새로운 원소로 변형된다는 것을 알아내고 이 물질에 '플루토늄'이라는 이름을 붙였어요. 1930년 태양계의 아홉 번째 행성인 명왕성(Pluto)이 발견되었는데, 여기서 따온 이름이지요. 이 플루토늄은 원자로를 가동하고 나온 사용 후 연료봉 속에 들어 있어요. 여러분, '재처리'라는 말 들어 봤죠? 그렇습니다. 사용 후 연료봉에서 플루토늄을 뽑아내는 것이 바로 재처리입니다.

세상에서 가장 가벼운 원소   그런데 핵분열물질을 손에 넣는다고 바로 핵무기를 만들 수 있는 것은 아니에요. 핵분열 연쇄반응은 불과 100만 분의 1초 사이에 이루어지기 때문에, 고성능 폭발 장치가 없으면 핵분열반응을 일으키고 통제하기가 대단히 어렵습니다. 그래서 폭발 장치 또는 기폭 장치가 필요합니다. 앞에서 소개한 우라늄 핵폭탄 '꼬마'는 기다란 총 모양의 기폭 장치를, 플루토늄 핵폭탄인 '뚱보'는 타원형 기폭 장치를 사용했는데, 타원형 기폭 장치는 실험이 필요하답니다. 미국이 '가제트'를 떨어뜨려 실시한 핵실험도 타원형 기폭 장치를 이용했어요.

지금까지 설명한 건 핵무기 가운데 하나인 '원자폭탄'이었습니다. 원자폭탄 말고 핵무기가 또 있느냐고요? 원자폭탄보다 훨씬 무시무시한 핵무기가 있답니다. 바로 '수소폭탄'이에요. 우라늄이 지구에서 가장 무거운 원소라면, 수소는 지구에서 가장 가벼운 원소입니다. 가장 무거운 원소에서 에너지를 만들기 위해서는 '핵분열' 반응, 즉 무거운 원자 쪼개기를 이용하는데, 그렇게 만든 게 조금 전 설명한 원자폭탄입니다. 반대로 가장 가벼운 원소에서 에너지를 만들기 위해서는 '핵융합'반응, 즉 가벼운 원자 붙이기를 이용하는데, 이렇게 핵융합반응을 이용해 만든 게 바로 수소폭탄이랍니다. 수소폭탄은 원자폭탄에 견주어 방출 에너지의 양이 40배 이상 많습니

핵융합
· · · · ·

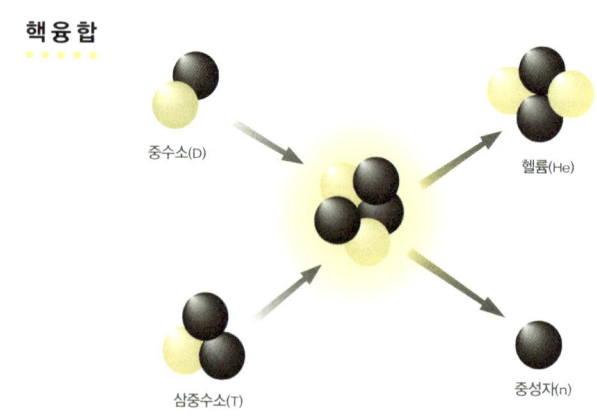

중수소(D)

삼중수소(T)

헬륨(He)

중성자(n)

다. 예를 들어 10킬로그램의 핵물질이 포함된 수소폭탄은 같은 질량의 원자폭탄보다 파괴력이 40배 이상 강력합니다.

태양을 생각하면 좀 더 쉽게 이해할 수 있을 거예요. 엄청난 에너지를 만들어 내는 태양을 비롯한 모든 별이 바로 핵융합반응을 일으켜 빛과 열을 내뿜고 있거든요. 그래서 "핵분열 폭탄(원자폭탄)은 태양 표면에 해당하는 온도를 만들어 내는 것과 같고, 핵융합 폭탄(수소폭탄)은 태양의 일부를 지구에 갖다 놓은 것과 같은 엄청난 온도를 발산한다"라는 말도 있답니다. 참고로 인간은 핵융합반응을 이용한 수소폭탄은 만들어 냈지만, 인공태양은 아직 만들지 못했어요. 그만큼 안정적으로 핵융합반응을 통제하기가 힘들기 때문이지요.

핵무기를 가지고 있으려면
내 목숨도 걸어야 합니다.

핵무기는 얼마나
무섭나요?

꼬마와 뚱보의 운명　　'가제트'의 형제들인 '꼬마'와 '뚱보'는 어떻게
되었을까요? 가제트는 '핵 시대'의 개막을
알리면서 '죽음의 여정'이라는 사막에서 운명을 맞이했다는 이야기
는 앞에서 했어요. 지금부터 설명할 '꼬마'와 '뚱보'의 운명을 알게 되
면 핵무기가 얼마나 무서운 무기인지 더 실감 날 거예요.

　　나중에 배경을 자세히 설명하겠지만, 미국은 기어이 일본에 두
발의 핵폭탄을 떨어뜨리고 맙니다. 첫 번째 핵폭탄은 '꼬마'였습니
다. 1945년 8월 6일 아침 미 공군의 B-29 폭격기는 '꼬마'를 히로시
마에 투하했어요. 꼬마가 떨어진 히로시마에서는 7만 명이 그 자리
에서 숨지고 심하게 다친 7만 명도 1946년을 맞이하지 못했어요.

사흘 후에는 '뚱보'를 나가사키에 떨어뜨렸어요. 뚱보가 떨어진 나가사키에서도 10만 명이 넘는 사람이 목숨을 잃었습니다. 수십만 명의 부상자가 생겼고 피해자의 대부분은 민간인이었어요. 그리고 그중에는 강제징용된 조선인도 약 10만 명이나 있었어요.

왜 이렇게 많은 사람이 죽거나 다쳤을까요? 여러분, 거대한 불덩어리와 버섯구름을 만들어 내는 핵폭발 장면을 본 적이 있죠? 그 불덩어리의 표면 온도가 3,000~4,000도에 이른다고 해요. 폭발점에 순간적으로 작은 태양이 하나 생기는 셈이에요. 또한 핵폭발 순간 만들어진 엄청난 기압 때문에 폭풍도 만들어지는데, 그 중간 풍속이 초속 440미터나 됩니다. 이게 얼마나 강한 것인가는 음속이 초속 349미터이고, A급 태풍이 초속 50미터라는 것을 생각하면 알 수 있습니다. 그런데 폭풍의 에너지는 풍속의 세제곱에 비례하므로 핵폭풍의 위력은 A급 태풍의 1,000배 가까이 된다고 할 수 있지요.

그런데 피해는 여기에서 끝나지 않습니다. 핵폭발의 결과 다량의 방사능 물질이 나오는데, 방사능에 피폭되면 즉사하거나 백혈병이나 암 같은 질병에 걸리기 쉽습니다. 뿐만 아니라 화상, 폭풍 등으로 많은 사람이 죽거나 다치고요. 히로시마와 나가사키에서는 폭발점을 기준으로 반경 1킬로미터 안에 있던 사람들은 약 90퍼센트가, 2.5킬로미터 안에 있던 사람들은 약 30퍼센트가 목숨을 잃었어요. 핵무기의 위력이 어느 정도인지 실감 나나요?

비키니섬의 실험　　히로시마와 나가사키에 떨어진 원자폭탄의 폭
　　　　　　　　　　발력은 20킬로톤 정도였어요. 그런데 수소폭
탄의 폭발력은 원자폭탄보다 훨씬 강해요. 1954년 3월 1일 태평양
의 비키니섬에서 실시한 미국의 수소폭탄 실험*을 예로 들어 볼까
요? 이에 앞서 여러분에게 친숙한 비키니 수영복의 유래부터 설명
해 볼게요. 1946년 7월 초 미국은 비키니섬과 그 주변에 있는 다른
섬의 주민들을 몰아내고 원자폭탄 실험을 실시했어요. 그 사진을
본 프랑스의 수영복 디자이너가 노출이 매우 심한 수영복을 출시하
면서 '비키니 수영복'이라고 이름 붙였어요. 수영복 모양이 비키니
섬과 비슷한 데다 핵폭탄급 반응을 기대한다면서 이렇게 이름을 지
은 것이죠.

★　　미국은 비키니섬에서 1946년 첫 핵실험 후 1958년까지 여러 차례 핵실험을 했습니
다. 핵실험 때문에 섬에서 쫓겨난 주민들이 20년 만에 다시 고향으로 돌아갔을 때,
많은 주민이 암에 걸리거나 기형아를 낳는 등, 비키니섬은 방사능에 오염되어 더는
사람이 살 수 없게 되었다고 합니다. 비키니섬에서 충격적인 핵실험이 실시되었을 즈
음 상의와 하의로 나뉘어 노출이 많은 수영복이 등장하자 사람들은 그 옷에 '비키니'
라는 이름을 붙여 주었습니다.

1954년 3월 1일 태평양의 비키니섬에서 실험한 수소폭탄의 폭발력은
히로시마에 떨어뜨린 원자폭탄보다 750배나 강력했습니다.

그 후에도 비키니섬 일대에서는 모두 23차례의 핵실험이 실시
되었답니다. 이 가운데 1954년 3월 1일에 실시된 수소폭탄의 폭발
력은 15메가톤*으로, 히로시마에 떨어진 원자폭탄보다 무려 750배
나 강력했어요. 이 폭발로 직경 2킬로미터에 깊이가 80미터나 되
는 거대한 분화구가 생겼고, 버섯구름은 폭발 1분 후 직경 15킬로
미터, 8분 후에는 100킬로미터까지 커졌는데 높이는 무려 16.5킬
로미터에 달했어요. 서울의 동서 직경이 36킬로미터라는 걸 떠올

★   메가톤은 질량의 단위이자 핵폭탄의 폭발력을 나타내는 단위입니다. 1메가톤은 티엔
    티 화약 100만 톤의 폭발력과 같습니다.

려 보면 어마무시한 버섯구름이 피어오른 셈이죠. 더구나 방사능 낙진은 수백 킬로미터까지 퍼져 나갔어요. 이 폭발로 인해 태평양에서 고기잡이를 하던 일본인 어부 수십 명이 목숨을 잃었고, 세계 곳곳에서 방사능 물질이 검출되고 이상기후가 나타나기도 했어요. 일본에서는 이 참사를 잊지 말자며 매년 3월 1일 '비키니 데이' 행사를 열고 있어요.

여러분, '핵겨울'이라는 말 들어 본 적 있나요? 1980년대에 자주 사용했던 말인데, 미국과 소련의 전면적인 핵전쟁이 가져올 종말을 가리키는 표현이랍니다. 핵전쟁이 일어나면 지구의 대기를 보호하고 있는 오존층이 파괴되면서 지구 평균기온은 섭씨 10~20도가 떨어지게 됩니다. 그러면 지구는 더는 인간이 살 수 없는 땅이 되고 말아요. 대규모 핵전쟁뿐만 아니라 수십 개의 핵무기가 사용되는 소규모 핵전쟁이 가져올 환경 파괴도 무서운 결과를 초래합니다. 소규모 핵전쟁만으로도 오존층의 40~70퍼센트가 손상되고 지구 평균기온이 섭씨 1.25도 떨어진다고 해요. 그 결과 세계 식량 생산량은 크게 줄어들어 많은 사람이 굶어 죽고, 가뭄, 홍수, 태풍 등 자연재해도 극심해집니다.

이처럼 핵무기의 어마어마한 파괴력이 알려지자 과학자들은 반핵운동의 선봉에 나섰어요. 인도주의 국가라고 자부하던 미국이 히로시마와 나가사키에 핵무기를 떨어뜨리는 것을 보고 깊은 좌절과 도덕적 책임감을 느꼈던 것입니다. 아인슈타인은 루스벨트에게 편지를 보내 핵무기 개발을 독촉한 것이 자기 인생의 최대 실수라며 자책했어요. 아인슈타인은 이렇게 말했어요.

"총알은 사람을 죽이지만, 핵무기는 도시를 파괴한다. 총알은 탱크로 막을 수 있지만, 인류 문명을 파괴하는 핵무기를 막을 수 있는 수단은 존재하지 않는다."

'핵폭탄의 아버지'로 불리던 오펜하이머도 나중에는 생각을 바꿔 '핵 군축의 아버지'가 되고 싶어 했답니다. 오펜하이머는 당시 양대 핵 보유국이었던 미국과 소련의 신세를 이렇게 비유했어요.

"우리는 유리병 속에 든 두 마리의 전갈과 같습니다. 서로 상대방을 죽일 수 있는 능력을 가졌지만, 그러려면 자신의 목숨을 걸어야 합니다."

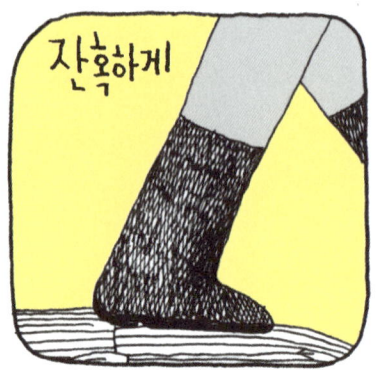

잔혹하게

많은 사람을 죽인

히틀러도

핵무기를 만들려고
했습니다.

그가
핵무기 개발에
성공했다면

인류의 역사는
어떻게
바뀌었을까요?

히틀러는 정말 핵무기를
만들려고 했나요?

히틀러의 핵폭탄 다시 2차 세계대전으로 돌아가 보겠습니다. 히틀러의 핵무기 개발 시도는 지금까지도 큰 관심을 불러일으키는 주제입니다. 결론부터 이야기하면 히틀러는 핵무기를 만들려고 했지만 성공하지 못했습니다. 오히려 라이벌인 소련 스탈린의 핵 개발을 돕는 역설적인 결과를 낳았습니다. '히틀러의 핵폭탄'은 1945년 2월부터 독일의 일부 지역을 점령하기 시작한 연합국의 지대한 관심사였습니다. 그래서 연합국은 제3제국*, 즉 나치 독일이 패망한 직후 원자폭탄 개발 시설과 과학자들을 면밀히 조사했습니다. 그 결과 히틀러가 핵 개발을 시도한 것은 분명하지만, 무기화하기까지는 아직 많은 단계가 남아 있었다는 것을 알게 되었지요.

그런데 독일의 역사학자 라이너 칼쉬가 2005년에 출간한 《히틀러의 폭탄》이라는 책에서 나치 독일이 1944년과 1945년에 걸쳐 세 차례의 핵실험을 실시했다고 주장해 비상한 관심을 끌었습니다. 하지만 독일 주간지 〈슈피겔〉은 그 자료들을 직접 면밀하게 검토한 결과 나치 독일이 핵실험을 했다는 근거는 발견할 수 없었다고 보도했습니다.

그렇다면 히틀러는 왜 핵무기 개발에 실패했을까요? 당시 나치 독일은 핵무기 제조 원리를 알고 있던 뛰어난 과학자들과 점령지에서 확보한 상당량의 우라늄을 보유하고 있었습니다. 마음만 먹으면 히틀러는 미국보다 더 빨리 핵무기를 만들 수도 있었을 거예요. 아인슈타인은 이를 우려해 루스벨트에게 편지를 보냈던 것이고요. 그런데 히틀러는 주저했습니다. 왜 그랬을까요? 앞에서 설명한 것처럼 핵무기 제조에는 상당한 비용과 시간과 인력이 필요합니다. 하지만 전쟁 물자 조달은 분초를 다툴 만큼 시급했어요. 히틀러는 한정된 자원을 핵무기 개발보다는 전쟁에 쏟아부었던 것입니다.

★ 1933년 1월부터 1945년 5월까지 독일 나치 정권의 공식 명칭. 800~1806년 중세와 근대 초기의 신성로마제국인 제1제국과 1871~1918년의 독일 제국인 제2제국을 계승했다며 붙인 이름입니다.

알소스 부대의 목표　　한편 나치 독일의 패망은 핵물리학자와 로켓 과학자, 우라늄 재고, 미사일 부품 등으로 가득한 '보물창고'를 연 것이나 다름없었어요. 보물창고가 열리자 맨해튼 프로젝트의 책임자 그로브스 장군은 '알소스'라는 암호명의 정보 부대를 만들어 독일에 투입했습니다. 목표는 두 가지였어요. 하나는 독일의 핵 자원을 긁어모으는 것, 또 하나는 소련이 그것들을 가져가지 못하게 하는 것이었습니다. 독일의 패망이 초읽기에 들어간 1945년 3월 초순, 알소스 부대는 스트라스부르의 물리학 연구소에서 대량의 문서를 발견하고 이틀 동안 눈이 아플 정도로 그 내용을 검토했어요. 그 결과 독일의 핵무기 연구가 실패했다는 결론을 내렸습니다. 이러한 결론은 같은 해 4월 하순에 찾아낸 독일의 우라늄 장치에 대한 분석을 통해 더욱 확실해졌습니다. 핵폭발에 필요한 연쇄반응을 일으키기는 어려울 만큼 장치가 원시적이었다는 내용이었습니다.

미국은 소련이 독일의 우라늄과 과학자들을 확보하지 못하도록 안간힘을 썼어요. 미국은 소련의 점령 예정지였던 베를린에서 북쪽으로 24킬로미터 떨어진 오라니엔부르크의 우라늄 정련 공장을 폭격했습니다. 소련에 우라늄을 넘겨주지 않으려는 목적이었지요. 또한 알소스 부대는 독일 마그데부르크 인근에 대규모의 우라늄 원광이 남아 있다는 정보를 입수했는데, 여기도 소련의 점령 예정지였습니다. 그래서 소련군이 오기 전에 속도전을 편 끝에 배와 항공기를 동원해 우라늄 드럼통 2만 개를 영국으로 반출하는 데 성공했습니다. 또한 그로브스가 "독일군 10개 사단보다 가치가 크다"라고 말한 나치의 원자력 연구의 대가 베르너 하이젠베르크를 비롯해 핵심적인 물리학자들을 미국으로 데려갔어요.

히틀러의 예언　　소련도 서둘러 특별 탐색 부대를 편성해 독일로 파견했습니다. 이들의 목표도 미국의 알소스 부대와 같았지만, 한발 늦고 말았지요. 소련은 미국이 먼저 우라늄을 가로챈 것에 분노했지만, 곧 그 분노는 남은 것이라도 긁어모으겠다는 열망으로 바뀌었답니다. 그 결과 소련은 독일에서 모두 300톤의 우라늄을 손에 넣었습니다. 또 여러 명의 독일 과학자를 소련으로 데려갔습니다. 이렇게 확보한 우라늄과 과학자들을 통해 소련의 핵 개발도 빨라졌습니다. '소련 원자폭탄의 아버지'로 불리는 이고리 쿠르차코프가 "원자폭탄 개발을 1년 앞당겼다"라고 회고할 정도로 말이지요.

　한편 히틀러는 자살하기 4주 전, 제3제국의 패배가 돌이킬 수 없는 현실이 되었다고 판단한 4월 2일에 이렇게 말했습니다.

"서로 대립할 수 있는 두 강대국, 미국과 소련만 남겨 둘 것이다. 역사와 지리의 법칙이 두 강대국이 군사적, 경제적, 이념적으로 힘겨루기를 할 수밖에 없도록 만들 것이다."

2차 세계대전을 일으킨 히틀러가 종전 이후의 세계 질서를 정확하게 말한 셈입니다. 히틀러의 이 말을 두고 논픽션 작가 마이클 돕스는 "비록 삐뚤어졌지만, 가끔은 역사의 힘을 놀라울 정도로 정확하게 파악하는 능력을 가졌다"라고 평가했습니다.

히틀러는 1945년 4월 30일 자살했고, 8일 후 독일은 항복을 선언했습니다. 하지만 2차 세계대전이 끝난 것은 아니었습니다. 독일의 패망에도 불구하고 결사 항전을 고집하는 일본과의 태평양전쟁이 남아 있었거든요.

히로시마와
나가사키

핵폭탄에 피폭된
70만 명

그중 강제징용된 조선인
10만 명

5만 명은 현장에서 즉사

현재 부상당한 생존자
2천 명

핵무기가 과연
해방의
무기인가요?

핵무기가 2차 세계대전을 끝냈나요?

원폭 투하는 꼭 필요했을까?   여러분은 미국이 일본에 핵무기를 투하한 것에 대해 어떻게 생각하나요? 일본이 핵폭탄을 맞고 항복을 선언해 우리가 해방되었다고, 혹시 핵무기를 '해방의 무기'로 알고 있지는 않나요? 저도 궁금해서 우리나라 중고등학교 교과서를 찾아봤어요. 거의 이런 식으로 서술되어 있더군요.

"노르망디상륙작전으로 이탈리아와 독일이 항복하고, 일본도 원자폭탄 투하를 계기로 항복함으로써 전쟁이 마무리되었다."

"태평양전쟁의 주범인 일본 또한 미국의 두 차례에 걸친 원자폭탄 투하로 무조건 항복을 해 왔다."

"일본이 항복 권유를 무시하자 미국은 히로시마와 나가사키에 원자폭탄을 투하하여 일본의 항복을 받았다. 이로써 인류 역사상 가장 큰 희생을 치른 2차 세계대전은 전체주의에 대한 민주주의의 승리로 끝났다."

우리나라 중고등학교 교과서에 실린 내용을 종합해 보면, 약간의 차이는 있지만 미국의 원폭 투하와 일본의 항복에 인과관계가 있는 것처럼 서술하고 있다는 점이 눈에 띕니다. 미국의 원폭 투하 의도에 대해 문제를 제기하는 교과서는 한 권도 없었어요. 이런 식의 서술은 배우는 학생들에게 '일본이 당할 짓을 했다'거나 '원폭 투하가 한반도의 해방을 가져왔다'는 인식을 심어 줄 여지가 큽니다. 하지만 앞서 소개한 독일·프랑스 공동 역사 교과서는 미국이 꼭 원자폭탄을 떨어뜨릴 필요가 있었는지, 어쩌면 미국의 의도는 핵무기의 위력을 시험하고 소련을 압박하기 위함은 아니었는지를 묻고 있습니다.

미국은 왜 원자폭탄을 떨어뜨렸나? 과연 무엇이 역사적 사실에 가까울까요? 먼저 일본이 피폭 직후에 항복을 선언한 것은 사실입니다. 히로히토도 8월 15일 항복을 선언하면서 "적은 새롭고도 잔악무도한 폭탄을 사용하기 시작했다"라고 말했어요. 마치 핵무기 때문에 항복을 선언한 것처럼 말이죠. 또한 원폭 투하를 지시한 미국의 트루먼 대통령도 "젊은 미국인들의 고통을 줄이기 위해 핵무기를 사용할 수밖에 없었다"라고 주장했습니다. 핵무기로 일본 본토 상륙작전을 대신할 수 있었고, 그래서 미국 젊은이들의 희생을 막을 수 있었다는 뜻입니다.

그런데 우리는 여기에서 두 가지 '상식'에 의문을 제기할 필요가 있습니다. 하나는 '미국의 원폭 투하가 진짜로 겨냥한 상대는 누구였느냐'는 것이고요, 또 하나는 '일본이 항복을 선언한 결정적인 까닭이 과연 원폭 투하 때문이었느냐'는 것이에요.

첫 번째 의문부터 따져 보겠습니다. 미국의 원폭 투하가 진짜로 겨냥한 상대는 누구였을까요? 당시 미국과 소련은 연합군이었어요. 그런데 미국은 자본주의를, 소련은 공산주의를 채택하고 있었고, 2차 세계대전이 끝나갈 무렵에는 서로를 경쟁자로 인식했어요. 냉전의 씨앗이 싹트기 시작했던 거죠. 소련보다 먼저 핵무기를 손에 넣은 미국은 소련을 다루는 데 핵무기가 유용할 거라고 판단했어요.

핵무기를 개발하기 전까지 미국은 일본을 제압하기 위해서는 소련의 참전이 절실하다고 여겼습니다. 그래서 소련한테 하루빨리 참전해 달라고 요청했고 8월 15일에 참전 약속을 받아 냈어요. 그런데 핵무기를 손에 넣자 미국은 생각이 달라졌습니다. 소련이 참전하지 않아도 핵무기를 이용하면 승리할 수 있다는 자신감이 생긴 거예요. 트루먼 행정부의 국무장관이었던 제임스 번스는 "소련이 개입하기 전에 우리가 전쟁을 끝내는 것이 중요하다는 생각을 항상 가지고 있었다"라고 말했습니다.

2차 세계대전 당시 미국의 전쟁부* 장관이자 원폭 투하를 주도한 헨리 스팀슨은 5월 14일 일기장에 이렇게 썼답니다.

"(미국의 핵무기 보유에 따른) 현재 상황은 우리가 모든 카드를 갖고 있다는 것이다. 나는 (핵무기를) 로열 스트레이트 플러시 카드**라고 불렀는데, 우리는 이 카드를 가지고 바보같이 행동해서는 안 된다. 소련인은 우리의 도움과 산업 없이는 살아갈 수 없고, 우리는 유일한 무기를 가지고 행동할 수 있게 되었다."

제임스 번스는 원자폭탄을 "문 뒤의 총"이라며 "소련을 다루기가 훨씬 쉬워졌다"라고 말했습니다. 헨리 스팀슨도 히로시마 원폭 투하 직후 일기장에 "번스는 소련과 협력하는 것에 극도의 거부감

★　2차 세계대전 이후 '국방부'로 명칭이 바뀌었습니다. 흔히 '펜타곤'이라고 합니다.

★★　로열 스트레이트 플러시는 포커 게임에서 무늬가 같은 A, K, Q, J, 10 카드를 받는 것을 말하며 최고의 득점 조합을 뜻합니다.

을 나타냈다"라면서, "원자폭탄은 자신의 호주머니에 있다며 소련을 다루는 강력한 무기로 간주하고 있다"라고 적었습니다. 트루먼 대통령도 제임스 번스에게 쓴 편지에서 "그때 우리는 소련의 대일전 참전을 걱정했었소. 물론 나중에 우린 소련의 참전이 불필요하다는 것을 알았죠"라고 썼어요.

정리하자면, 소련의 참전을 절실히 원했던 미국은 핵무기 개발에 성공하자 소련이 참전하기 전에 일본의 항복을 받아 내야 한다고 생각한 거예요. 미국의 정책 결정자들은 일본이 소련의 참전 때문에 항복한다면 전후 세계 질서에서 소련에 밀릴 것을 우려했던 겁니다. 그리고 일본을 상대로 핵무기의 강력한 위력을 선보이면 소련을 상대하는 데에도 도움이 된다고 여겼던 거죠. 핵을 가진 미국은 한쪽 눈으로는 전쟁 상대였던 일본을 바라보면서 다른 쪽 눈으로는 같은 연합군의 일원이자 경쟁자로 부상하던 소련을 주시하고 있었넌 셈이죠.

사실 핵무기를 사용하지 않아도 일본의 항복을 받아 낼 수 있다는 건 미국의 정책 결정자들도 잘 알고 있었어요. 트루먼 대통령은 1945년 7월 18일 일기장에 "소련이 8월 15일 일본에 선전포고할 것"이라는 점을 상기하면서 소련이 참전하면 "일본은 끝장난다"라고 적었습니다. 2차 세계대전의 영웅이자 트루먼 다음으로 미국 대통령이 된 드와이트 아이젠하워도 "일본은 이미 항복할 준비가 되어 있으니 그런 끔찍한 무기로 그들을 파괴할 필요가 없다"라고 말했습니다.

협상을 통해 일본의 항복을 받아 내야 한다는 주장도 있었습니다. 미국 해군부 차관이었던 랄프 바드는 6월 27일 헨리 스팀슨에게 이런 메모를 전달했습니다. "저는 최근 몇 주 동안 일본 정부가 항복할 기회를 찾고 있다는 매우 확실한 느낌을 받고 있습니다."

그러면서 연합군이 천황제 유지를 조건으로 내걸면 일본은 항복할 것이라며 일본 특사와 비밀 접촉도 제안했습니다. 원폭 투하의 대안을 찾으려는 시도야말로 "위대한 인도주의 국가 미국"의 의무라고 믿었던 것이지요. 그러나 한 달 뒤에 나온 포츠담선언은 일본에 "무조건적인 항복"만 촉구하고 말았습니다.

일본은 왜 항복했나? 그런데도 미국은 결국 일본에 천황제 유지라는 선물을 안겨 줍니다. 원폭을 투하한 다음에 말이지요. 역사에 가정은 부질없다고 하지만, 가정을 통해 여러 가지 상황을 그려 볼 수는 있습니다. 만약 미국이 일본에 천황제 유지를 약속했다면 어떻게 되었을까요? 미국 예일 대학의 하세

가와 쓰요시 교수는 이렇게 주장했습니다.

"트루먼이 포츠담선언에서 천황제 유지를 보장했다면, 미국은 원폭을 투하하지 않고도 8월 15일 이전에 일본의 항복을 받아 낼 수 있었다."

그의 분석은 이렇게 이어집니다.

"미국의 지도자들은 일본이 항복 요구를 거부하도록 유도함으로써 원폭 투하를 정당화하고자 했고, 더 나아가 원폭을 소련 참전 이전에 전쟁을 종결시킬 수 있는 수단으로 여겼다."

이제 두 번째 질문을 살펴보겠습니다. 과연 원폭 투하는 일본이 항복을 선언한 결정적인 까닭이었을까요? 당시 자료를 꼼꼼하게 검토해 본 학자들은 일본의 항복 선언은 미국의 원폭 투하가 아니라 소련의 참전이 결정적이었다고 설명합니다.

히로시마 원폭 투하 사흘 후인 8월 9일 자정 즈음, 소련은 일본에 선전포고하고 만주에 있는 일본군에 대한 공격을 개시합니다. 무려 150만 명의 지상군을 동원했지요. 이는 소련이 미국에 통보했던 8월 15일보다 엿새나 빠른 작전 개시였습니다. 미국이 핵폭탄의 힘으로 전쟁을 끝내기 전에 소련도 참전을 서둘렀던 것입니다. 그러자 일본 지도부는 즉각 최고 의사 결정 기구인 최고위원회를 소집합니다. 히로히토는 전쟁을 끝낼 방법을 모색하라는 지시를 내렸

핵폭발의 결과 화상, 폭풍, 방사능 피폭 등으로 건물이 파괴되고
많은 사람이 죽거나 다쳤습니다. 히로시마(위 사진)와 나가사키(아래 사진)에서는
폭발점을 기준으로 반경 1킬로미터 안에 있던 사람의
약 90퍼센트가 목숨을 잃었습니다.

고요. 당시 일본의 국력으로는 소련과 미국을 동시에 상대하는 게 불가능했기 때문입니다. 전쟁을 계속하면 소련의 개입이 더 커질 테고, 그러면 공산주의가 천황제를 말살해 버릴 것이라는 우려도 컸습니다. 천황제는 일본이 반드시 지키고자 했던 마지노선이었거든요. 이렇게 천황제 유지는 일본이 미국과 협상을 통해 종전을 시도한 정치적 배경으로 작용합니다.

한편 소련의 참전에 당황한 나라는 일본만이 아니었습니다. 소련의 참전 소식을 들은 미국은 핵폭탄을 장착한 폭격기를 기타큐슈의 고쿠라를 향해 출격시켰습니다. 소련의 참전이 확대되기 전에 전쟁을 끝내야 한다는 조급증에 사로잡혔던 것이죠. 그런데 악천후와 피격 위험을 느낀 폭격기 조종사는 기수를 돌려 나가사키에 무게 4.5톤의 '뚱보'를 떨어뜨렸습니다. 이렇게까지 하면 일본이 바로 항복할 줄 알았지요. 그런데 일본은 닷새가 지나도록 감감무소식이었습니다. 그러자 미국은 무조건적인 항복 요구에서 천황제 유지를 보장하는 방안으로 정책 변경을 검토하기 시작했습니다. 하지만 히로히토를 전범으로 여기는 미국의 여론을 의식해 이를 공개하지 않았습니다.

결론적으로 미국이 일본에 핵폭탄을 투하한 것은 경쟁국으로 떠오른 소련을 겨냥한 무력시위에 가까운 일이었습니다. 전쟁을 끝내기 위한 어쩔 수 없는 선택이 아니었습니다. 만약 미국이 처음 계획대로 소련과 연합작전을 펼쳤다면, 핵폭탄을 투하하지 않고도 전쟁을 끝낼 수 있었을 것입니다. 일본이 항복한 결정적인 까닭은 소련의 이른 참전에 있었으니까요. 또한 천황제 유지를 항복의 조건으로 내세웠더라도 전쟁을 끝낼 수 있었습니다. 결국 어떻게 해서든 천황제를 유지하고자 했던 일본은 항복 요구를 수락하고 미국과 종전을 합니다. 핵폭탄의 힘으로 전쟁을 끝내고 싶어 했던 미국과 정치적 이해관계가 맞아떨어진 것이죠.

10만 명의 한국인 피폭자   여기서 우리가 잊지 말아야 할 사실이 있습니다. 두 발의 핵폭탄에 피폭된 약 70만 명 중에는 강제징용된 조선인이 10만여 명이나 있다는 사실입니다. 약 5만 명은 현장에서 목숨을 잃었고, 부상당한 5만 명 가운데 현재 생존자는 2,000명 정도입니다. 한국은 일본에 이어 세계 2위의 피폭 국가입니다. 그러나 정작 우리나라 사람들은 이러한 사실을 잘 모르고 있습니다. 미국이 일본에 떨어뜨린 핵무기를 '해방의 무기'로 오해하고 한국인 피폭자들의 희생과 고통을 외면해 온 셈입니다. 일본에서 오랫동안 한국인 피폭자를 지원하는 활동을 벌여 온 이치바 준코 씨는 이렇게 말합니다.

"한국인 원폭 피해자는 제국주의 일본의 침략을 받은 피억압 민족이라는 점과 20세기 최대의 사건이라고도 불리는 원폭 투하의 피해자라는 두 가지 중요한 요소를 함께 안고 있다. 인류가 20세기 들어서면서 직면하게 된 '제국주의'와 '핵'이라는 가장 어려운 문제를 한꺼번에 떠안은 사람이 한국인 원폭 피해자들이다."

그런데 원폭 투하 79년 만에 한국인 피폭자의 한을 조금이나마 위로할 수 있는 일이 생겼습니다. 2024년 노벨평화상을 수상한 니혼 히단쿄(일본 원수폭피해자단체협의회) 대표단에 한국인 피폭자와 그들의 2세가 포함된 데 이어, 대표자의 수상 연설에서 한국인 피폭 사실도 언급된 것입니다.

또 한 가지, 2025년은 해방 80주년이자 핵무기가 등장하고 사용된 지 80년째 되는 해입니다. 이제는 핵무기의 등장과 사용이 전범국인 일본이 아니라 피해국인 조선의 분할로 이어졌다는 역사 해석도 가능합니다. 핵무기를 앞세운 미국은 일본을 독점하고 싶었고, 만주를 거쳐 한반도 북쪽까지 내려온 소련은 미국의 동아시아 지배를 견제하려고 했던 것이죠. 그 결과 미국의 제안과 소련의 수용으로 38선이 그어지고 말았습니다.

한국전쟁 때 미국은
왜 핵을 안(못) 썼나요?

미국이 처음으로 승리하지 못한 전쟁 1950년 6월 25일, 북한의 남
침으로 6·25전쟁으로도 불
리는 한국전쟁이 발발합니다. 1953년 7월 27일 휴전협정으로 마무
리된 이 전쟁으로 약 150만 명이 목숨을 잃었고 360만 명이 부상당
했습니다. 또 1천만 명이 넘는 이산가족이 발생했지요. 이 참혹한
전쟁에 남북한은 물론이고 미국을 비롯한 유엔 회원국 16개국과 중
국이 직접 참전했으며, 소련과 일본도 개입했습니다.

　그런데 한국전쟁은 미국 역사상 처음으로 승리하지 못한 전쟁
이었습니다. 정전(휴전)협정 당시 유엔군 사령관이었던 마크 클라
크는 "나는 미국 역사상 처음으로 승리하지 못한 상태에서 정전협

정에 서명한 최초의 미군 사령관이 되었다는 부끄러운 이력을 갖게 되었다"라고 토로할 정도였어요. 15만 명이 넘는 사상자를 냈을 정도로 치열한 공방을 벌였던 미국은 한국전쟁을 "잊힌 전쟁"이라고 말할 정도로 자존심에 큰 상처를 입었습니다. 여기서 궁금증이 하나 생깁니다. 당시 미국이 핵무기를 사용하지 않은, 또는 사용하지 못한 까닭은 무엇일까요? 이 궁금증을 풀기에 앞서 한국전쟁의 발발과 전개 과정에서 핵무기가 얼마나 큰 영향을 미쳤는지 살펴볼 필요가 있습니다.

먼저 핵무기가 한국전쟁 발발에 어떤 영향을 미쳤는지 살펴보겠습니다. 1950년 1월 12일 미국의 딘 애치슨 국무장관은 '애치슨라인'이라고도 불리는 극동 방어선을 발표했는데요, 한국을 여기에 포함시키지 않았어요. 왜 그랬을까요? 당시 미국은 한국을 그리 중요하게 생각하지 않았습니다. 또한 한국에 확고한 안전보장을 해주면 이승만 정부의 북진 통일을 부추길 우려가 있다고도 생각했지요. 아울러 당시 미국 정부는 북한의 남침 가능성이 거의 없다고 봤어요.

또 하나 중요한 까닭은 미국이 핵무기의 위력을 너무 믿었던 데에 있어요. 당시 미국은 어떤 무기도 적과 맞서는 데 원자폭탄보다 효과적일 수 없으므로, 원자폭탄과 그 운반체를 통합적으로 발

1950년 1월 12일 미국의 딘 애치슨 국무장관이 발표한
'애치슨 라인'이라고도 불리는 극동 방어선에는
한국이 포함되지 않았습니다.

전시켜야 한다고 생각했어요. 막강한 핵무기를 갖고 있으면 적들
이 함부로 덤비지 못할 것이고, 이에 따라 재래식 군사력은 줄여도
된다고 생각한 기예요. 맥아더가 사령관으로 있었고 한반도와 중국
을 작전 범위 안에 두고 있었던 미국의 극동사령부는 "미국의 군사
적 힘에 의해 전멸"될 각오를 무릅쓸 만큼 북한도, 중국도 무모하지
않을 것이라고 확신했어요. 여기서 나오는 '군사적 힘'은 바로 '핵무
기'를 의미했지요. 이러한 확신은 1949년 주한 미군의 철수로 이어
졌는데, 이는 미국의 오판이었답니다.

스탈린과 트루먼의 핵 자랑　　한편 북한의 김일성은 남침을 승인하고 지원해 달라고 소련의 스탈린을 졸라 댔어요. 스탈린은 계속 거부하다가 1950년 들어 마음을 바꿉니다. 여기에도 여러 가지 까닭이 있었어요. 중국 공산당이 국민당을 몰아내고 1949년 10월 1일 중화인민공화국을 건설했고, 미국이 발표한 극동 방어선에는 한국이 포함되지 않았거든요. 소련이 핵무기를 갖게 되었다는 점도 빼놓을 수 없는 이유가 되었습니다. 소련은 1949년 8월 29일 핵실험에 성공했는데, 이는 미국이 예상한 것보다 5년 정도 빠른 것이었어요. 당시 소련의 외교 전문에는 소련이 원자폭탄을 갖게 됨으로써 "승리의 분위기는 간섭받지 않을 것"이라고 적혀 있습니다.

　정리하자면, 한국전쟁 발발 원인 가운데에는 트루먼과 스탈린의 핵 위력에 대한 과신이 있었습니다. 당시 소련보다 핵무기를 많이 갖고 있던 미국은 중국과 북한은 물론이고 소련도 전쟁을 각오할 거라고 생각하지 못했어요. 한편 핵실험 성공에 이어 본격적으로 핵무기 생산에 돌입한 소련은 미국이 핵전쟁의 위험까지 감수하면서 한국전쟁에 깊이 개입하리라고 생각하지 못했습니다. 그래서 김일성의 남침을 승인하고 지원하기로 했던 것이죠.

　미국의 핵무기에 대한 과신은 이뿐이 아니었습니다. 고전을 면

치 못하던 유엔군은 1950년 9월 인천상륙작전을 계기로 전세를 역
전시키는 데 성공합니다. 작전을 주도한 맥아더는 "인천의 마법사"
로 불리면서 영웅이 되었고, 유엔군은 승리감에 도취한 나머지 38선
을 돌파해 북진 통일을 추구합니다. 중국의 참전 가능성이 거론되
었지만, 미국은 어림도 없는 일이라고 생각했어요. 나라를 만든 지
1년밖에 안 되는 중국이 핵 보유국인 미국을 상대로 전쟁을 벌일
거라고는 상상조차 하지 못했던 거죠.

파죽지세로 북진을 감행한 한국군은 통일의 꿈에, 유엔군은 크
리스마스이브는 가족과 함께 보낼 수 있다는 희망에 부풀어 있었
습니다. 하지만 이들의 꿈과 희망은 중국 마오쩌둥의 참전 결정으
로 산산조각 나고 맙니다. 30만 명에 이르는 중국군이 밀려들어 왔
거든요. 이로 인해 유엔군은 후퇴를 거듭했고, 다시 서울이 공산군
에 함락되는 상황까지 벌어졌습니다. 전세는 일진일퇴를 거듭한 끝
에 북위 38도선을 사이에 두고 고착되기 시작했습니다. 그러자 미
국 내에서 핵폭탄을 써야 한다는 목소리가 높아졌습니다. 특히 맥
아더는 자신에게 핵폭탄 사용 권한을 달라며, "핵폭탄 30여 발이면
동해부터 서해까지 방사선이 막을 형성할 것이다. 그렇게 하면 해
당 지역의 생명체는 60년, 또는 120년 후에야 다시 소생할 것"이라
고 말하기도 했습니다. 이승만 대통령도 빨리 원자폭탄을 써 달라

고 트루먼 대통령을 졸라 댔지요.

미국이 한국전쟁에서 얻은 그릇된 교훈   그럼 다시 질문으로 돌아가 볼까요? 미국은 왜 핵무기를 사용하지 않았거나 사용하지 못했을까요? 여기에는 여러 가지 원인이 복잡하게 맞물려 있어요. 먼저 미국은 소련을 의식하지 않을 수 없었습니다. 북한이나 중국에 원자폭탄을 떨어뜨리면 한국전쟁은 3차 세계대전으로 확대되거나 소련의 핵 보복을 촉발할 우려가 있었습니다. 또 국제 질서에서 동북아시아보다 훨씬 영향력이 크고 미국이 중시한 유럽에서 소련에 밀릴 수도 있다고 걱정했던 것입니다.

게다가 북한이 이미 초토화되어 핵무기를 투하할 만큼 전략적으로 중요한 목표물이 존재하지 않았다는 점도 중요합니다. 당시 미국의 핵폭탄은 큰 도시를 날려 버릴 정도로 파괴력이 컸습니다. 한국전쟁 당시 미국은 북한에 100만 회 이상 공습을 했기 때문에 북한에는 핵폭탄으로 날려 버릴 만한 가치 있는 것이 거의 남아 있지 않았습니다.[*]

영국 등 유럽 동맹국들의 반대도 영향을 미쳤습니다. 트루먼

1950년 8월 28일 폭격되기 전과 폭격이 끝난 후의 함경북도 성진제철소.

한국전쟁 당시 미군의 폭격으로 사라져 버린 평양 시가지. 미군은 한국전쟁 3년 동안
북한 전역에 있는 건물의 85퍼센트를 파괴했고, 주요 댐도 파괴해 홍수가 나거나
작물이 자랄 수 없어 주민들은 추위와 굶주림에 시달려야 했습니다.

대통령이 중국군 참전 직후인 1950년 11월 말 기자회견에서 핵무기 사용 가능성을 강하게 암시하자, 영국 수상 애틀리는 부랴부랴 워싱턴으로 날아가 트루먼을 말렸어요. 영국을 비롯한 유럽 국가들은 동북아시아에서 미국의 원폭 투하는 확전을 촉발해 유럽 방어에 차질을 줄 수 있으며, 소련의 핵 보복이 유럽까지 영향을 미칠 수 있다는 공포심을 갖고 있었기 때문입니다.

흥미로운 점은, 인종차별주의 논란도 미국이 북한과 중국에 핵폭탄을 떨어뜨리지 못한 중요한 까닭이었습니다. 무슨 말이냐고요? 당시 미국은 흑인 차별 같은 인종차별로 악명이 높았습니다. 게다가 미국은 이미 일본의 히로시마와 나가사키에 원폭을 투하했습니다. 미국이 다시 아시아인 거주지인 북한과 중국에 원자폭탄을 떨어뜨리면 '미국은 유색인종 차별 국가'라는 오명에서 벗어날 수 없었을 겁니다. 실제로 미국이 원폭 투하를 암시하자 아시아의 많은 나라가 "왜 아시아인들에게만 핵폭탄을 쓰려고 하느냐?"라며 반발했습니다. 미국 언론도 핵전쟁은 미국이 윤리적 패배자가 되는 지름길이라고 비판했습니다. 안 그래도 핵무기 사용은 반인륜적이

★ 이 경험은 미국이 작은 핵무기, 즉 전술핵무기를 만들게 된 중요한 요인으로 작용했습니다. 파괴력을 크게 낮춘 전술핵무기는 큰 도시보다 적군의 근거지를 파괴하는 데 효과적이기 때문입니다.

라는 인식이 커지고 있던 상황에서 인종차별주의 논란까지 가세하자, 미국은 핵전쟁 수행에 대한 도덕적 부담을 크게 느꼈습니다. 히로시마와 나가사키의 기억이 영향을 미친 셈이죠.

이러한 요인들이 복합적으로 맞물리면서 미국은 결국 핵무기를 사용하지 않았습니다. 그러나 미국은 공산 진영을 핵으로 위협한 것이 휴전협정 합의를 이끈 힘이었다고 믿었습니다. 노골적인 핵 위협이 있었기 때문에 공산 진영이 정전협정에 서명했다는 것이죠. 하지만 당시 공산 진영이 휴전에 합의한 결정적인 까닭은 다른 데 있었습니다. 전쟁을 계속하길 원했던 스탈린이 1953년 3월에 사망했거든요.

어쨌든 미국은 한국전쟁에서 그릇된 교훈을 얻게 되었고, 이 교훈은 이후 미국 핵전략의 골자를 형성합니다. 공산군의 재래식무기를 이용한 공격에도 핵무기로 보복한다는 '대량 보복' 전략을 채택해 동북아시아와 유럽에 핵부기를 내량으로 배치하기 시작한 거죠. 핵 공격 위협을 했기 때문에 한국전쟁을 끝낼 수 있었다는 환상은 냉전 시대 미국의 또 하나의 치욕적인 전쟁으로 기록된 베트남전쟁을 비롯해 군사적 갈등 때마다 재연되었습니다.

쿠바 미사일 위기는
얼마나 심각했나요?

영원한 적도, 동지도 없다　　여러분, 영국의 유명한 작가 조지 오웰
　　　　　　　　　　　　　　　　알죠? 《동물농장》, 《1984》 같은 작품으
로 유명한 조지 오웰은 1945년 10월 이렇게 예언합니다.

　"우리는 몇 초 만에 수백만 명을 몰살시킬 수 있는 무기를 보유
한 2, 3개의 괴물 같은 슈퍼 파워 국가들이 세계를 분단시키는 상
황에 직면할 것이다. 대규모 전쟁이 일어날 가능성은 줄어들겠지
만, 영원히 '평화가 없는 평화'의 상태, 즉 '냉전'을 그 대가로 지불
해야 할 것이다."

　그가 말한 "무기"는 '핵무기'이고, "2, 3개의 괴물"은 '미국과 소
련'을 의미합니다. 놀랍게도 이후 인류의 역사는 그의 예언대로 진

행되고 말았습니다.

"국제사회에는 영원한 동지도, 영원한 적도 없다"라는 말 들어 봤나요? 미국과 소련의 관계가 딱 그랬습니다. 두 나라는 2차 세계 대전 당시 연합국의 두 축으로 나치즘과 파시즘에 맞서 싸운 동지 였습니다. 그러나 전쟁이 끝날 즈음에는 서로를 두려운 존재로 인식하며 견제하기 시작했어요. 미국은 소련의 팽창주의를 봉쇄하려고 '트루먼독트린'을 천명했고, 소련은 미국이 원자폭탄을 앞세워 침공할 가능성을 경계했습니다.

급기야 두 나라는 한국전쟁을 거치면서 지구를 수십 번이라도 파괴할 수 있는 거대한 괴물이 되어 갔습니다. 자본주의 대 공산주의라는 이념 갈등, 자국의 영향력을 확대하려는 세력 경쟁, 그리고 핵 군비경쟁까지 가세하면서 '미국과 소련의 전쟁은 곧 인류 멸망' 이라는 공포가 팽배한 시대가 엄습했지요. 다행히 핵전쟁은 일어나지 않았어요. 왜일까요?

미국과 소련의 고삐 풀린 핵 경쟁 미국과 소련의 핵 군비경쟁의 역사부터 살펴볼게요. 한동안 핵무기를 독점했고 우위를 자신했던 미국은 1949년 8월 소련이 핵실험에 성공하자 크게 당황했습니다. 미국이 예상했던 것보다 5년 정도 빨랐거든요. 1950년 미국에서 작성한 비밀문서에 따르면, 미국은 당시 22개인 소련의 핵무기 보유량이 1954년에는 235개로 증가할 것이며 바로 이 시기에 소련이 전면전을 벌일 가능성이 있다고 전망했습니다. 이 예측에 맞춰 미국도 핵무기 보유량을 비약적으로 늘렸는데, 그 결과 1950년에 200개였던 것이 1954년에는 2,000개에 육박했습니다. 한국전쟁을 거치면서 고삐 풀린 미소 간의 핵 군비경쟁은 1960년 절정에 달해 미국은 약 2만 개를, 소련은 약 1,600개의 핵무기를 갖게 됩니다.

이뿐이 아닙니다. 원자폭탄보다 수십 배나 강력한 수소폭탄 경쟁도 벌어졌고, 핵무기를 운반할 수 있는 미사일 경쟁도 본격화되었습니다. 핵폭탄을 먼저 손에 넣은 나라는 미국이었지만, 핵무기를 미사일에 실어 상대방 영토로 날릴 수 있는 능력은 소련이 먼저 확보했습니다. 1957년 8월 대륙 간 탄도 미사일(ICBM) 시험 발사에 성공한 소련은 그해 10월 인류 최초 인공위성인 스푸트니크 발사에도 성공합니다. '스푸트니크 충격'이라는 말이 나올 정도로 미국의 충격과 공포는 컸습니다. 사이렌이 울리면 학생들이 책상 밑으로 몸을 숨기는 민방위훈련도 이때부터 본격화되었어요. 이후 미국 역시 대륙 간 탄도 미사일 개발에 박차를 가해 1959년 10월 시험 발사에 성공합니다.

이로써 양국은 자신의 영토에서 상대국 영토를 날려 버릴 수 있다는 '자신감'과 언제든 상대국의 핵미사일이 자신의 영토에 떨어질 수 있다는 '공포감'을 동시에 갖게 됩니다. 공교롭게도 약어로 '광기'를 뜻하는 'MAD', 즉 상호 확증 파괴(Mutual Assured Destruction) 시대가 열린 것이지요. 이는 인류를 포함한 지구의 생존이 미국과 소련의 정책 결정자들 손에 달리게 되었다는 것을 뜻합니다. 그리고 얼마 후 미국과 소련은 그 시험대 위에 올라섭니다. 1962년 10월 전 세계를 핵전쟁의 공포에 떨게 한 '쿠바 미사일 위기'가 발생했습니다.★

일촉즉발의 카리브해   미국과 핵 군비경쟁에서 밀린 소련은 이를 만회하기 위해 미국의 턱밑인 쿠바에 중거리 핵미사일을 비밀리에 배치하기 시작했어요. 특히 소련의 공산당 서기장 흐루쇼프는 미국 대통령에 취임한 케네디가 터키에 배치한 '주피터' 핵미사일에 크게 자극받았습니다. 이 미사일은 모스크

★   쿠바 미사일 위기를 러시아에서는 '카리브해 위기', 쿠바에서는 '10월 위기'라고 말합니다.

바와 레닌그라드를 사정거리에 두고 있었거든요. 흐루쇼프의 말입니다.

"미국인들은 적이 미사일로 당신을 겨냥할 때 어떤 감정을 느끼는지 알아야 할 겁니다. 우리가 그랬던 것처럼 말이오."

미국이 터키에 핵미사일을 배치하면 소련도 쿠바에 핵미사일을 배치할 것이라는 경고는 이미 미국 의회에서 나왔었어요. 하지만 케네디는 주피터 철수를 요구한 일부 의원들의 요구를 묵살했습니다. 그래서 쿠바 미사일 위기를 초래한 당사자는 다름 아닌 케네디라는 지적도 있지요.

일촉즉발의 위기를 가져온 쿠바 미사일 위기의 이면에는 이념 전쟁도 있었답니다. 소련은 쿠바를 비롯한 중남미에서 사회주의혁명이 거세게 일어난 것에 크게 고무되어 있었어요. 반면 미국은 사회주의 열풍을 차단하기 위해 쿠바의 카스트로 정권을 제거하려고 했지요. 소련의 쿠바 핵미사일 배치는 이 와중에 일어난 일입니다. 소련으로서는 쿠바를 비롯한 중남미의 사회주의혁명을 보호하고 확산시키려는 동기도 있었던 것이죠.

그러나 소련의 핵미사일 배치 움직임은 곧 들통나고 말았습니다. 1962년 10월 14일 미국의 정찰기 U-2가 미국에서 불과 145킬로미터 떨어진 쿠바의 산크리스토발 지역에서 소련의 중거리 탄도

미사일 기지 건설을 포착했거든요. 케네디 행정부는 쿠바를 해상봉쇄하고 소련에 즉각적인 철수를 요구했습니다. "만약 쿠바에서 미국 본토로 소련의 핵미사일이 날아오면 소련 영토에 보복하겠다"라는 경고도 했습니다. 이는 핵전쟁과 3차 세계대전을 각오하겠다는 발언이었지요.

그러나 소련은 쿠바로 향하던 열여섯 척의 뱃머리를 돌리지 않았습니다. 결국 미국과 소련 함정들이 카리브해에서 13일간 대치하는 상황이 발생합니다. 인류의 목숨을 담보로 두 강대국이 벼랑 끝 대결에 들어간 것이었어요. 미국에서는 선제공격을 해서 쿠바의 소련 미사일 기지와 선박을 파괴해야 한다는 목소리가 높아졌습니다. 소련은 쿠바에 이미 100개의 핵탄두를 배치한 상황이었고 선박을 호위하던 잠수함에도 핵 어뢰가 장착되어 있었습니다. 만약 미국이 쿠바나 소련 선단을 공격했다면 핵전쟁을 피하기 어려웠을 거예요.

당시 상황이 얼마나 위태로웠는지는 양국 인사의 발언을 통해서도 알 수 있답니다. 소련 육군 작전참모장이던 아나톨리 그립코프는 "핵 대재앙은 실 끝에 매달려 있었다. 우리는 하루나 시간 단위가 아니라 분 단위로 카운트다운을 하고 있었다"라고 말했습니다. 케네디의 보좌관이던 아서 슐레진저는 "이전에 결코 어떤 두 강대국도 지구를 파괴할 수 있는 기술적 능력을 보유한 적이 없었다"

라며, "백악관의 선제공격론자들이 이겼다면, 그것은 아마도 핵전쟁이 되었을 것이다"라고 회고했습니다.

핵전쟁에서는 누구도 살아남을 수 없다   일촉즉발의 위기가 고조되면서 협상도 본격화되었습니다. 소련은 미국이 쿠바를 침공하지 않는다는 약속과 함께 터키에 배치한 미사일을 철수할 것을 조건으로 제시했습니다. 미국과 소련의 팽팽한 밀고 당기기가 거듭된 끝에 케네디는 터키 미사일 철수를 '비밀'에 붙이는 것을 조건으로 흐루쇼프의 요구를 수용했습니다. 흐루쇼프도 쿠바 미사일 기지를 철거하라는 명령을 내리는 동시에 쿠바로 향하던 소련 선단의 뱃머리를 되돌리면서 절멸의 위기를 피할 수 있었습니다.

쿠바 미사일 위기를 겪고 난 후 미국과 소련은 두 가지 상반된 조치를 취했습니다. 한 가지는 앞에서 언급한 상호 확증 파괴의 전면화입니다. 이는 핵전쟁에서는 누구도 살아남을 수 없다는 사실이 핵전쟁을 억제한다는 가정에 기초한 것입니다. 쉽게 말해, 그 누구도 '너 죽고 나 죽고 모두가 죽는' 핵전쟁을 하지는 않을 것이라는 인간 이성의 최저치에 대한 호소인 것이지요. 동시에 그것은 인류 사회의 종말을 가져올 뻔한 쿠바 미사일 위기를 겪고도 핵의 폐기를 통한 생존이 아니라 상대방과 나를 모두 죽일 수 있는 능력의 유지와 강화를 통한 생존을 선택한 인간 이성의 한계이기도 했습니다.

또 한 가지는 핵 군축 협상을 시작한 것입니다. 케네디는 쿠바 미사일 위기가 일어나기 1년 전 유엔 총회에서 이렇게 말했습니다.

"핵무기가 인류를 파괴하기 전에 인류가 먼저 핵무기를 없애야 합니다."

이러한 케네디의 신념은 쿠바 미사일 위기를 거치면서 더욱 강해졌습니다. 그래서 핵실험을 자제하기로 했고, 소련도 동의했습니다. 또한 핵 확산 금지 조약(NPT)을 빨리 만들어 핵 보유국이 늘어나는 것을 막으려고 했죠.

여기서 궁금증이 생기지 않나요? 소련이나 미국은 이미 자국 영토에서 상대국 영토를 초토화할 수 있는 대륙 간 탄도 미사일을 보유하고 있었는데, 왜 상대국 가까이에 핵미사일을 배치하려고 했던 걸까요? 여기에는 크게 두 가지 까닭이 있답니다.

하나는 '동맹국 보호' 차원입니다. 세력권 확보 경쟁에서 이기려면 동맹국들이 많아야 하고, 이 나라들을 보호할 수 있을 때 동맹을 늘려나갈 수 있다고 생각했기 때문입니다.

또 하나는 '위험 분산'입니다. 미국이나 소련 같은 강대국들은 가급적 자국 영토에서 전쟁하길 꺼립니다. 그래서 핵미사일을 다른 나라에 배치하면 전쟁이 일어나도 자국이 입는 피해를 줄일 수 있다고 여긴 것이죠. 따라서 미국과 소련의 동맹국들은 두 나라의 핵우산 아래에서 보호받을 수도 있지만 동시에 전쟁이 터지면 가장 먼저 피해를 볼 수 있다는 모순적인 상황에 놓일 수밖에 없습니다.

케네디는 이렇게 말한 적이 있습니다.

"우리가 멀리 소련에서 날아오는 핵미사일에 날아가거나, 가까운 쿠바에서 날아오는 미사일에 날아가거나, 죽는 것은 별 차이가 없다."

그런데 케네디는 왜 3차 세계대전까지 각오하면서 강경하게 대응했을까요? 여기에는 미국 내 정치적 상황도 영향을 미쳤습니다. 케네디는 쿠바 미사일 위기에 강하게 대응하지 않으면, 다음 대통령 선거에서 패배할 수도 있다고 판단했거든요. 케네디의 이러한 사례는, 어떤 정치인이 안보 문제에 강경하게 발언하는 것이 국익 때문인지 아니면 본인의 정치적 이익 때문인지, 비판적인 시각으로 봐야 할 필요가 있다는 것을 말해 줍니다.

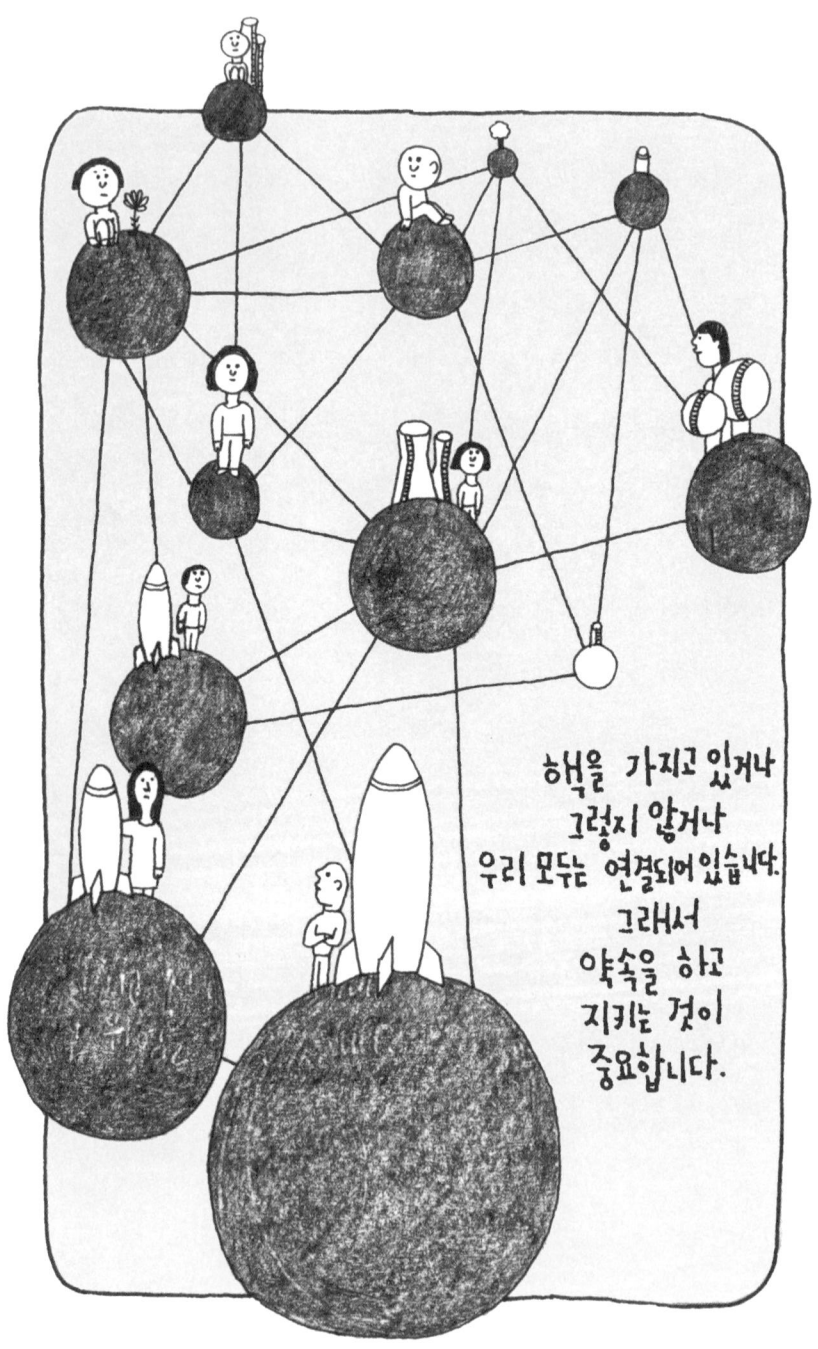

핵을 가지고 있거나
그렇지 않거나
우리 모두는 연결되어 있습니다.
그래서
약속을 하고
지키는 것이
중요합니다.

핵 확산 금지 조약은
뭔가요?

핵, 아는 만큼 보인다   '절대무기'로 일컬어지는 핵무기가 등장하자 많은 나라가 다양한 방식으로 생존의 길을 모색했습니다. 이미 핵을 가진 나라들은 '더 많은, 더 멀리 가는, 더 강력한' 무기로 상대국보다 우위에 서려고 했어요. 여러 나라가 독자적인 핵무장으로 안보와 권력을 추구하고자 핵클럽의 문을 두드렸습니다. 핵무장이 여의치 않거나 득보다 실이 크다고 판단한 나라들 가운데 상당수는 미국과 소련의 핵우산 밑을 안식처로 선택했습니다. 많은 비핵 국가와 국제 시민 사회는 핵무기 사용 금지 및 완전 폐기를 주장하며 핵 보유국들을 상대로 힘겨운 싸움에 들어갔고요. 이 와중에 등장한 것이 바로 핵 확산 금지 조약입니다.

1952년 영국은 미국과 소련에 이어 핵실험에 성공했습니다. 1960년대 들어서는 핵무기 확산 징후가 더욱 뚜렷이 나타났지요. 1960년에는 프랑스가, 1964년에는 중국이 핵실험에 성공했습니다. 이 밖에도 서독, 이스라엘, 인도, 이탈리아, 일본, 스웨덴, 스위스, 북한도 핵 기술 확보에 적극적이었습니다. 이러다가는 수십 개국이 핵무장에 나설 것이라는 우려도 커졌습니다.

핵클럽 문을 닫다   그러자 당시 핵 보유국이던 미국, 영국, 소련은 서둘러 핵클럽의 문을 닫으려고 했습니다. 이들 나라의 주도로 1965년 유엔 총회는 결의안을 채택해 핵 확산 금지에 적극 나설 것을 촉구합니다. 3년 후 미국과 소련은 핵 확산 금지 조약의 조약문을 유엔 총회에 제출했고, 유엔 총회는 결의안을 채택해 핵 확산 금지 조약을 승인했습니다. 이에 따라 1968년 7월 1일부터 서명이 개시되어 미국, 소련, 영국 3개국의 기탁국을 포함한 62개국이 서명했고, 1970년 3월 5일에 43개국이 비준 절차를 완료함에 따라 핵 확산 금지 조약이 발효되었습니다. 핵 확산 금지 조약의 주요 내용은 다음과 같습니다.

- 핵 보유국의 다른 국가로의 핵무기 및 핵물질 이전과 비핵 국가에 대한 핵무기 개발 지원 금지

- 비핵 국가들의 핵무기 획득 및 개발 금지

- 비핵 국가들이 평화적인 목적의 핵 프로그램을 핵무기 개발로 전용하지 않는다는 것을 보증하기 위해 국제원자력기구(IAEA)의 안전조치협정 체결 및 이행

- 우라늄 농축과 재처리 시설을 비롯한 평화적 목적의 원자력 이용에 대한 모든 회원국의 권리 인정

- 핵 군비경쟁을 종식하고 핵무기 폐기를 이루기 위한 핵 보유국들의 선의의 협상과 조약 체결 촉구

- 1967년 1월 1일 이전에 핵무기 또는 핵폭발 장치를 제조하고 폭발시킨 국가를 핵 보유국으로 인정

- 국가의 최고 이익이 침해받을 경우 핵 확산 금지 조약에서 탈퇴할 수 있는 권리 인정

이 내용에서 알 수 있듯이 핵 확산 금지 조약은 '3개의 기둥'으로 이루어져 있습니다. 즉 '비확산'과 '핵 군축', '평화적 핵 이용'입니다. '비확산'은 비핵 국가들이 평화적 핵 이용 권리를 보장받는 대신 이를 핵무기 개발로 용도 변경하는 것을 금지하는 것입니다. '핵 군축'은 핵 보유국의 핵무기 폐기 의무를 말합니다. '평화적 핵 이용'은 주로 원자력 발전을 의미합니다.

어느덧 핵 확산 금지 조약이 발효된 지 반세기가 넘었습니다. 그리고 조약은 주목할 만한 성적표를 보여주었습니다. 2025년 현재 유엔 회원국이 193개국인데, 4개국을 제외한 나라가 모두 참여하고 있거든요. 4개국은 어느 나라일까요? 이스라엘, 인도, 파키스탄은 아예 가입조차 안했고, 1985년 이 조약에 가입했던 북한은 1993년과 2003년에 탈퇴해 지금은 비회원국입니다. 189 대 4. 숫자만 보면 아주 성공적인 조약이라고 생각할 수도 있어요. 또 현재 핵 보유국은 북한을 포함해도 9개국인데, 그나마 이 정도로 묶어 둘 수 있었던 것도 핵 확산 금지 조약의 공헌이 크다고 할 수 있지요.

핵무기 폐기를 선의에 맡기다　핵 확산 금지 조약이 무엇인지 이해되었나요? 그런데 혹시 이상한 점을 발견하지는 않았나요? 핵 확산 금지 조약은 철저하게 '비확산'에 초점을 맞춘 조약입니다. 이 조약은 1967년 1월 1일 이전에 핵실험을 한 미국, 소련, 중국, 영국, 프랑스의 핵무기 보유는 인정하면서 핵 폐기 의무를 '선의'에 맡겨 버렸어요. 핵을 폐기하면 좋고, 아니어도 그만인 셈이죠. 공교롭게도 이 5개국은 유엔 안전보장이사회 상임이사국이기도 해요. 그러다 보니 유엔 안전보장이사회가 핵 강대국의 이해관계에 치우쳤다는 비판을 받기도 합니다.

문제는 여기에서 끝나지 않습니다. 일반적으로 무기 관련 조약은 해당 무기를 사용하거나 실험하지 못하게 하고, 폐기 의무도 분명히 하고 있습니다. 그런데 핵 확산 금지 조약에는 이런 내용들이 없어요. 핵무기 사용 금지도, 핵실험 및 추가 생산 금지에 대해서도 명확한 규정이 없습니다.* 핵 확산 금지 조약이 회원국을 '핵을 가진 나라'와 '핵을 못 가진 나라'로 나누고 의무의 이행도 차별적으로 규정해 핵 확산 금지 조약은 '불평등조약'이라는 오명을 얻고 말았습니다. 미국의 한 언론사는 이렇게 비판했답니다.

"핵 확산 금지 조약은 약소국의 핵 개발 위험성만 부각시키고

★   실제로 핵 확산 금지 조약이 발효된 1970년에 약 4만 개였던 5대 핵 보유국의 핵무기가 1980년대 중반에는 7만 개로 증가했습니다. 핵 보유국들의 핵 군축 약속은 결국 빈말이었다는 것을 보여 줍니다.

강대국의 엄청난 핵무기 보유는 망각하게 만들었다."

그런데 핵 보유국조차, 더구나 최강의 핵 보유국인 미국조차 핵 확산 금지 조약에 불만을 갖고 있답니다. 현재의 핵 확산 금지 조약이 너무 약하다는 것이에요. 핵 확산 금지 조약에는 "국가의 최고 이익이 침해받을 경우" 이 조약에서 탈퇴할 수 있다는 조항이 있는데, 이 조항에 따라 탈퇴한 나라가 바로 북한입니다. 나중에 다루겠지만 현재 이란도 탈퇴를 저울질하고 있어요. 그러자 미국은 핵 확산 금지 조약을 개정해 아예 탈퇴하지 못하게 하거나 아니면 탈퇴 시 유엔 안전보장이사회에 회부해 바로 제재를 가해야 한다고 주장하고 있습니다. 그러나 많은 비핵 국가가 미국부터 모범을 보이라며 부정적으로 반응하고 있지요.

핵무기 금지를 위한 대안적인 활동들　　핵 확산 금지 조약의 문제점과 한계가 드러나면서 여러 대안적인 움직임들도 일어나고 있습니다. 최소한 핵무기 사용을 금지하는 조약이라도 체결해야 한다는 주장부터, 더는 핵실험과 핵물질 생산을 하지 못하게 하는 조약을 체결하자는 주장까지 다양합니다.* 하지만 아직까지 이렇다 할 성과는 없습니다.

뉴욕의 유엔 본부 앞에 설치된 칼 프레드릭의 작품
〈매듭지어진 총〉은 평화를 상징합니다.

핵무기 사용 문제는 두 가지로 나뉩니다. 하나는 핵 보유국이 비핵 국가를 상대로 핵무기 사용 및 사용 위협을 가하는 문제이고, 또 하나는 핵 보유국 간에 핵무기를 사용하는 문제입니다. 전문 용어로 전자는 '소극적 안전보장'이라고 합니다. 핵 보유국이 비핵 국가를 상대로 '핵무기 사용 및 사용 위협을 하지 않는다'는 뜻입니다. 그런데 국제법에는 이 소극적 안전보장을 받쳐 주는 명확한 조항이 없는 상태입니다. 당연히 비핵 국가들이 반발하겠지요. 그래서 비핵 국가들은 핵 확산 금지 조약을 개정해 소극적 안전보장을 명문화하거나 별도의 조약을 체결해야 한다고 주장하고 있습니다. 그러나 중국을 제외한 핵 보유국들은 이 주장에 부정적입니다. 안타깝게도 한국과 일본 등 미국의 핵우산 아래에 있는 나라들도 반대하고 있고요.

그럼 핵 보유국들 사이의 핵무기 사용 문제는 어떨까요? 핵 보유국 간의 핵전쟁은 당사국들뿐만 아니라 인류 공멸로 치달을 수 있는 위험이 있습니다. 그런데도 핵전쟁을 금지하는 국제법이 없는 실정입니다. 이에 따라 핵 확산 금지 조약을 개정하거나 별도의 국

★　모든 종류의 핵실험을 영구히 중단하자는 조약이 포괄적 핵실험 금지 조약(CTBT)이고, 핵무기 제조에 이용될 수 있는 핵물질의 추가적인 생산을 막자는 조약이 핵분열물질 생산 금지 조약(FMCT)입니다. 이 조약들은 아직 공식적으로 발효되지 않았습니다.

제조약을 제정해 최소한 핵무기 선제 불사용 정책이라도 확립해야 한다는 목소리가 끊이지 않고 있습니다. '핵무기 선제 불사용 정책' 이란 '다른 핵 보유국으로부터 먼저 핵 공격을 받지 않는 한, 자국이 먼저 핵무기를 사용하지 않는다'는 것을 말합니다. 그러나 북한을 포함한 9개의 핵 보유국 가운데 이 정책을 지속적으로 약속하고 있는 나라는 중국이 유일한 실정입니다.

핵무기 보유,
왜 나라마다 다르죠?

핵무기 보유국   2025년 현재 핵무기를 보유한 나라는 모두 아홉 나라입니다. 미국, 러시아, 프랑스, 중국, 영국, 파키스탄, 인도, 이스라엘, 북한이죠. 이 나라들은 다시 두 부류로 나뉩니다. 앞의 다섯 나라는 핵 확산 금지 조약에서 공식 인정한 핵 보유국이고, 뒤의 네 나라는 핵 확산 금지 조약 비회원국으로 국제법적으로는 핵 보유를 인정받지 못한 나라입니다. 스톡홀름 국제평화연구소(SIPRI)의 2025년 연감에 따르면, 아홉 나라의 핵무기 보유 현황은 아래와 같습니다.

그렇다면 이 나라들은 왜 핵무기를 갖게 되었을까요? 흔히 국제사회는 정글 같은 무정부 상태라고 하죠. 이런 상태에서 많은 나

핵무기 보유 현황(2024년 기준)★

러시아	미국	중국	프랑	영국	인도	파키스탄	이스라엘	북한	합계
5,459	5,177	600	290	225	180	170	90	50	12,241

라가 안보와 주권을 지키기 위해서 강력한 군사력이 필요하다고 여깁니다. 그리고 핵무장은 가장 강력한 군사적 수단으로 간주됩니다. 핵무기를 갖고 있으면 다른 나라가 함부로 건드릴 수 없다고 생각하는 거죠. 실제로 핵 보유국이 다른 나라로부터 먼저 침공받은 사례는 아직 없습니다.

그런데 적대 관계에 있는 나라가 핵무기를 갖게 되면 상대 나라는 불안하겠지요. 북한이 핵무기를 가지니까 남한이 불안한 것처럼 말이에요. 역사를 보더라도 적대국의 핵 보유가 자국의 핵 보유를 유발한 경우가 많다는 것을 알 수 있습니다. 미국이 원자폭탄을 개발하고 사용하자 소련이 그 뒤를 이었고, 소련의 핵 개발은 영국과 프랑스가 핵무기 보유를 추진하는 자극제가 되었습니다. 또 한국전쟁 때부터 미국의 핵 위협에 직면했고 소련의 위협에도 노출된 중국도 곧이어 핵클럽에 가입했고, 그러자 인도도 핵 개발에 박

★ 파키스탄, 인도, 이스라엘, 북한의 핵 보유량은 미국 연구기관의 추정치이다.

차를 가했으며, 인도가 핵 개발에 성공하자 파키스탄이 그 뒤를 쫓았습니다. 이것이 이른바 '핵 도미노' 현상입니다. 이스라엘은 주변에 핵 보유국이 없다는 점에서 예외이지만요. 나치 독일에 의한 홀로코스트 경험과 이슬람권에서 섬처럼 존재하는 지정학적 배경은 이스라엘이 핵 보유를 가장 확실한 안보 수단으로 여기게 만들었어요. 북한도 미국의 핵 위협이 핵을 보유하는 가장 중요한 까닭이라고 주장합니다.

핵무기, 강대국의 테이블에 앉다 그런데 핵무기를 보유하려는 동기가 꼭 안보 때문만은 아닙니다. 여러 나라의 지도자들이 핵무기 보유를 국가적 자부심을 드높이고 국제사회에서 지위를 확보하는 유력한 수단이라고 생각합니다. 영국과 프랑스가 대표적이지요. 영국과 프랑스는 과거에는 제국의 지위를 누렸으나 2차 세계대전 이후에는 미국과 소련에 밀려 2류 국가로 전락할지도 모른다는 우려를 갖고 있었어요. 그래서 영국의 애틀리 정부는 1947년 1월 "과거 대영제국 같은 강대국의 지위 확보 수단으로 핵무기 보유 필요성"을 천명했어요. 1958년 대통령으로 당선된 샤를 드골 프랑스 대통령도 핵무기를 "강대국의 테이블에 프랑스를 앉힐 수 있는 정치적 수단"이라고 말했답니다.

핵은 외교적 카드로 이용되기도 합니다. 핵 보유국은 종종 핵 공격 위협을 통해 외교적 목적을 달성하려고 합니다. 미국은 한국 전쟁과 베트남전쟁 휴전 협상 당시 협상 조건을 관철하기 위해 핵 공격 위협을 한 적이 있습니다. 한편 비핵 국가는 핵 보유 시도를 외교적 카드로 삼는 경우가 있어요. 남북한이 대표적입니다. 남한 은 원하는 것을 얻었기 때문에 핵 개발을 포기했다면, 북한은 그러 지 못했기 때문에 핵 보유를 선택했습니다. 이에 대해서는 뒤에서 더 자세히 설명할게요.

그 밖에도 핵무기가 재래식 무기보다 값도 싸고 효율적인 방식 으로 안보를 지키는 수단이라는 경제적 관점도 핵 보유의 동기로 작용합니다. 2차 세계대전 이후 미국은 엄청난 군사비 부담을 안고 있었는데 핵무기를 늘리면 군사비도 줄일 수 있고 이에 따른 경제 적 부담도 덜 수 있다고 믿었답니다. 소련의 지도자들도 마찬가지 였어요. 중국도 핵무장에 성공하자 "이제는 경제 발전에 매진할 수 있게 되었다"라는 말을 했답니다. 인도에 견주어 국력이 크게 뒤지 는 파키스탄도, 한미 동맹에 견주어 군사력이 크게 떨어지는 북한 도 핵무기를 만들면서 경제성을 강조했습니다.

오른쪽 페이지의 표를 볼까요? 지금까지 핵무기 개발을 시도

핵무기 개발을 추진해 온 국가들(모두 35개국)

핵 확산 금지 조약 회원국 중 핵 보유국	1990년 이후 핵 포기 국가
미국, 러시아, 영국, 프랑스, 중국	이라크, 리비아

핵 확산 금지 조약 비회원국 중 핵 보유국	구소련의 핵무기 포기 국가
이스라엘, 인도, 파키스탄, 북한	벨라루스, 카자흐스탄, 우크라이나

핵 보유 추진 유력 의심 국가	1970년 이후 핵 포기 국가
이란	아르헨티나[a], 한국, 오스트레일리아[b], 에스파냐[a], 브라질, 스위스[b], 캐나다[c], 타이완, 루마니아, 유고슬라비아, 남아프리카공화국

핵 보유 추진 의심 국가	1970년 이전 핵 포기 국가
알제리, 사우디아라비아, 시리아	이집트, 노르웨이[b], 이탈리아[b], 스웨덴, 일본[b], 서독[d]

a: 활발한 핵 프로그램을 갖고 있었으나 핵무기 제조 의도가 확인되지 않은 나라.
b: 핵무기 보유가 검토되었으나 핵 프로그램을 원자력 발전으로 한정한 나라.
c: 캐나다는 1980년대 초까지 250~450개의 미국 핵무기를 수용, 배치했음.
d: 서독은 독자적으로 핵무기를 개발하지 않았으나 미국이 제공한 핵무기를 보유하고 있었음.

한 나라는 모두 35개국이라고 해요. 그런데 실제로 핵무기를 가진 나라는 9개국입니다. 그러면 왜 다른 나라들은 핵무기를 포기했을 까요?

여러분 '핵우산'이라는 말 들어 봤지요? 조금 어려운 표현으로 는 '확장 핵 억제'라고도 합니다. 핵우산은 핵무기를 갖지 않은 동맹 국이 제3국으로부터 공격받을 경우 핵무기를 보유한 동맹국이 핵 으로 보복한다는 개념이에요. '핵 보복을 당하지 않으려면 내 동맹 국을 공격하지 말라'는 뜻이지요. 이에 따라 많은 나라들, 특히 미 국의 동맹국들은 미국의 핵우산을 믿고 핵무기 개발을 포기했답니 다. 한국과 일본, 유럽의 많은 나라가 여기에 해당됩니다. 미소 냉전 시대에는 이 나라들에 상당수의 미국 핵무기가 배치되기도 했지만, 지금은 유럽 일부 국가에 소량의 핵무기만 남아 있습니다.

안보 딜레마　　그럼 미국의 동맹국이 아닌 나라는 왜 포기했을까 요? 여기에는 여러 가지 사연들이 있답니다. 먼저 세계 최강의 축구 강국인 브라질과 아르헨티나를 볼까요? 두 나라 는 안보 딜레마에 의해 핵무기 개발을 포기한 대표적인 사례랍니 다. 무슨 말이냐고요? 안보 딜레마란 한 나라가 자신의 안보를 증진시키기 위해 취한 조치가 상대국의 맞대응을 불러일으켜 오히려 자국의 안보를 불안하게 만드는 상황을 뜻하는 말이에요. 핵무기 경쟁에서도 이러한 경향이 나타납니다. 만약 남미의 라이벌인 브라질과 아르헨티나 가운데 한 나라가 핵무기를 개발하면 다른 한 나라는 어떻게 할까요? 그 나라도 핵무기를 가지려고 하겠지요? 이렇게 되면 상황은 더 불안해질 수 있습니다. 그래서 두 나라는 안보를 핵무기에 의존하기보다 핵 포기를 통해 더 나은 안보를 달성하기로 했습니다. 그리고 원자력을 철저하게 평화적 목적으로만 이용하고 있다는 것을 확인하기 위해 서로 면밀히 감시하고 있답니다.

남아공, 비핵 국가의 위상을 높이다　　남아프리카공화국(이하 남아공)의 사례도 주목할 만합니다. 자체적으로 핵무기 개발에 성공했지만 스스로 폐기한 유일한 나라거든요. 남아공은 1970년대부터 핵 개발에 착수해 1989년에는 6개의 핵무기를 갖게 되었습니다. 쿠바의 지원을 받은 앙골라와 나미비아 등 주변의 적대국에 맞서기 위해서는 핵무기가 필요하다고 여겼기 때문이지요. 그러나 남아공-쿠바-앙골라가 휴전하고, 나미비아 독립에 합의하고, 남아공에 부과된 경제제재도 해제되자 남아공은 핵무기를 포기했습니다. 더구나 남아공은 핵 포기 이후 아프리카에 '핵무기 없는 지역' 창설을 주도하고, 핵 확산 금지 조약을 비롯한 국제 체제에서도 발언을 주도하면서 비핵 국가로서의 정체성과 위상을 높이고 있답니다.

무력을 동원해 적대국의 핵 개발을 막은 사례도 있습니다. 이스라엘은 1981년에 이라크의 원자력 발전소를 폭격해서 파괴했고, 2007년에는 시리아에 건설 중이던 원자력 발전소를 공격했습니다. 이라크와 시리아가 실제로 핵무장을 염두에 두고 원자력 발전소를 건설하려고 했는지는 여전히 논란 거리입니다. 이스라엘은 이란의 핵무장을 저지하기 위해 선제공격도 불사하겠다고 목청을 높이곤 했는데, 실제로 2025년 6월 13일에 이란 핵 시설에 대한 공습을 단행했지요.

이스라엘, 무력으로 핵을 저지하다　　이라크의 사례는 주의 깊게 살펴볼 필요가 있어요. 강대국이 주도하는 냉혹한 국제정치의 단면을 여실히 보여주거든요. "사악한 지도자가 대량 살상 무기를 갖지 못하게 하겠다"라는 말은 미국의 조지 W. 부시 대통령이 2003년 3월 이라크 침공을 강행하면

1991년 2월 이라크 내 죽음의 고속도로.
걸프전 당시 미군은 고속도로를 이용해 퇴각하던
이라크 병력을 폭격해, 2,000여 대의 차량이 파괴되었고
이라크 병사 수만 명이 사망했습니다.

서 내세운 명분입니다. '사악한 지도자' 사담 후세인과 '대량 살상 무기'의 조합은 미국 내에서 강력한 호소력을 발휘하면서 미국 국민의 60~70퍼센트가 이 전쟁을 지지하게 만들었어요.

그런데 이라크는 1991년 걸프전쟁 이후 약 10년 동안 혹독할 정도로 무기 사찰과 경제제재를 받았어요. 이로 인해 핵 개발 시도를 비롯한 대량 살상 무기는 대부분 이미 제거된 상태였지요. 그런데도 미국은 '후세인이 핵을 갖는다면'이라는 전제를 포기하지 않은 채 관련 정보까지 조작, 왜곡하면서 침공을 정당화했습니다. 미국은 이라크 점령 이후 전역을 샅샅이 뒤졌지만, 아무것도 찾지 못했어요. 애초부터 이라크의 핵무기는 이라크 땅이 아닌 석유와 중동 패권을 노린 미국의 마음속에 있었기 때문입니다. 당연히 미국의 위신은 땅에 떨어지고 말았답니다. 이라크 국민들이 치른 희생도 참혹했고요.

이라크의 핵무기는 어디에　　리비아의 사례는 더욱 극적입니다.
　　　　　　　　　　　　　1980년대부터 비밀리에 핵 개발에 착수했던 리비아는 2003년 12월 19일 핵무기를 비롯한 대량 살상 무기의 개발 포기를 선언합니다. 그러자 미국을 비롯한 국제사회는 리비아 지도자 카다피의 결단을 칭송하면서 북한도 리비아를 본받아야 한다고 떠들어 댔습니다. 그런데 8년 후 카디피는 처참한 최후를 맞게 됩니다. 미국 등 서방 세계의 군사적 지원을 받은 리비아 반군한테 살해당했거든요. 그때 〈뉴욕타임스〉는 이런 질문을 던졌어요. "만약 2003년에 카다피가 핵과 미사일 개발을 포기하지 않았다면 어떻게 되었을까?" 그러면서 "리비아를 본받아야 한다고 서방으로부터 자주 거론되었던 이란과 북한은 카다피가 치명적인 실수를 했다는 결론에 도달할 것"이라고 논평했습니다.

베트남전쟁 때 미국은 왜 핵을 안(못) 썼나요?

미국이 처음으로 패배한 전쟁　　　한국전쟁은 미국이 최초로 이기지 못한 전쟁이었습니다. 그리고 베트남전쟁은 미국이 처음으로 패배한 전쟁이었어요. 그런데 의문이 듭니다. 왜 패배에 직면한 미국은 핵무기를 쓰지 않거나 못 썼을까요? 당시 미국은 다양한 종류의 핵무기를 2만 개 넘게 보유하고 있었는데도 말이죠.

　먼저 베트남전쟁을 대략적으로 살펴볼게요. 프랑스 식민지였던 베트남은 1946년부터 본격적인 독립전쟁에 돌입합니다. 인도차이나에서 일진일퇴를 거듭하던 와중인 1950년 6월에는 한국전쟁까지 터졌어요. 그리고 1951년 여름 들어 한반도 정전협정 논의가 시작되자 프랑스는 긴장했습니다. 한반도에서 정전협정이 타결되면 여유가 생긴 중국이 인도차이나에 본격적으로 개입할 것이라고 생각했거든요. 그래서 프랑스는 미국에 군사 지원을 요청했고, 미국은 지원에 나섰습니다. 하지만 프랑스는 디엔비엔푸전투에서 패배했고, 이에 따라 1차 베트남전쟁은 1954년 5월 7일 베트남의 승리로 끝났습니다.

그런데 베트남의 비극은 여기서 끝나지 않았습니다. 1954년 제네바회담에서 미국, 소련, 중국 등 강대국들이 개입해 베트남을 위도 17도선을 기점으로 분단시킨 겁니다. 이에 따라 북부에는 호찌민이 이끄는 북베트남이, 남부에는 응오 딘 디엠을 대통령으로 하는 남베트남이 들어섰습니다. 남베트남은 미국의 지원을 받아 대대적인 공산주의자 소탕 작전을 벌였고, 남베트남의 공산주의자들은 북베트남의 지원을 받아 '남베트남 민족자유전선'을 설립해 대대적인 반격에 나섰습니다. 미국의 케네디 행정부도 1만 6,000명의 병력을 베트남에 파견했습니다. 그래도 전쟁이 끝나지 않자 급기야 존슨 행정부는 1964년 8월에 통킹만 사건*을 조작해 전면적으로

★ 1964년 8월 초 미국은 통킹만에서 작전 중이던 자국의 구축함이 북베트남의 어뢰 공격을 받았다며 베트남전쟁에 본격적으로 뛰어들었습니다. 그러나 이 사건은 미국이 베트남전쟁에 개입하기 위해 벌인 자작극으로 판명되었습니다.

베트남전쟁에 뛰어들고 말았습니다.

전쟁을 승리로 이끌 유력한 힘　미국이 공산주의 확산 저지를 명
분으로 베트남전쟁에 전면 개입
하면서 다시 핵무기가 이 전쟁을 승리로 이끌 수 있는 유력한 힘이
라는 맹신도 되살아났습니다. 그 선봉에는 베트남전쟁 종결을 최대
선거 공약으로 내세운 리처드 닉슨이 있었지요. 닉슨은 대통령에
취임한 첫 해인 1969년 여름 북베트남이 미국이 제시한 종전 조건
을 받아들이지 않으면 "엄청난 결과와 파괴를 초래할 조치를 취할
것"이라고 경고했습니다. 직접적으로 '핵무기'라는 표현은 하지 않
았지만, 누가 들어도 핵전쟁에 대한 위협으로 간주될 수 있는 말이
었습니다. 하지만 미국의 위협이 높아질수록 북베트남은 결사 항전
으로 맞섰습니다.

　경고해도 효과가 없자, 닉슨 행정부는 미국 역사상 최대 규모
의 군사훈련에 돌입했습니다. 핵 공격 준비 태세 강화를 포함한 훈
련이 1969년 10월 13일부터 30일까지 세계 전역에 걸쳐 실시되었
습니다. 이는 닉슨 행정부가 북베트남과 소련에 제시한 협상 시한
인 11월 1일을 겨냥한 무력시위나 다름없었어요. 핵 공격 태세를 크

베트남전쟁 당시 미국은 핵무기 600개와 맞먹는 폭격을 퍼부었습니다.
베트남전쟁은 미국이 처음으로 패배한 전쟁입니다.

게 강화시켜 상대방을 외교적으로 굴복시키겠다는 의도였습니다.

당시 극비 문서를 보면, 닉슨은 제3자를 통해 북베트남 지도부
에 최후통첩을 보낸 상태였습니다. 11월 1일까지 종전이 성사되지
않으면, 미국은 필요한 어떠한 수단이라도 동원할 것이며 이는 엄
청난 결과를 초래할 것이라는 위협이었죠. 당시 닉슨은 자신의 비
서실장에게 이렇게 말했습니다.

"나는 이걸 미치광이 이론이라고 부를 겁니다. 북베트남인들은
내가 전쟁을 끝내기 위해서라면 무슨 일이라도 할 수 있는 지경에
도달했다는 점을 믿어야 할 거예요. 내 참모들은 그들에게 이런 말

을 하겠지. '맙소사! 당신들은 알고 있나요? 닉슨은 공산주의 때문에 미치기 직전이라고요. 우리는 그가 화났을 때 그를 자제시킬 수 없어요. 그는 핵 버튼에 손을 올리고 있다고요.' 호찌민이 이 말을 듣는다면 평화를 구걸하기 위해 이틀 뒤에 파리에 나타날 것이오."

미친 척하기로 작정한 닉슨은 핵전쟁 태세를 더욱 강화했습니다. 인도차이나반도 인근에 전략폭격기의 준비 태세를 강화하는 한편, 핵무기를 탑재한 구축함과 잠수함을 대거 파견했습니다. 또 북베트남을 지원하고 있던 소련과 중국에 대한 무력시위를 강화하기 위해 대서양, 지중해, 아덴만, 한반도와 일본 사이의 동해 등지에서도 준비 태세를 크게 강화했습니다. 미국은 이러한 군사적 움직임을 일부러 드러나게 했습니다. 그래야 상대방이 닉슨의 의지를 알아챌 수 있다고 여겼으니까요. 그러나 이러한 무력시위는 별다른 효과를 거두지 못했습니다.

미국의 딜레마　　시간이 흐를수록 미국은 베트남전쟁의 수렁에 더 깊이 빠져들었습니다. 전쟁의 양상은 갈수록 미국에 불리해졌고, 미국의 무차별적인 폭격을 비판하는 국제사회의 여론도 높아졌습니다. 무엇보다도 미국 내 반전 여론이 높아져

닉슨은 1972년 11월 대통령 선거에서 재선을 자신할 수 없는 상황에 몰렸습니다. 그럴수록 닉슨은 핵무기 사용 유혹을 느꼈지만, 북베트남의 결사 항전 의지를 꺾을 수는 없었습니다. 1972년 12월 4일 파리에서 열린 평화 협상에서 북베트남 대표인 레득토는 미국 대표인 헨리 키신저에게 이렇게 말했습니다.

"우리가 프랑스에 맞서 저항할 때 닉슨 부통령*이 핵무기 사용을 언급한 적이 있어서, 우리는 가끔 당신들이 핵폭탄을 떨어뜨릴 가능성을 생각해 봅니다. 만약 우리 세대가 목표를 달성하지 못하면, 우리의 자손들이 계속 투쟁할 것입니다. 우리는 이미 600개의 핵무기에 맞먹는 엄청난 폭격을 받았습니다. 단순한 진리는 우리가 항복해서 노예로 사는 일은 결코 없다는 것입니다. 단언컨대, 당신들의 위협과 약속 위반은 타협에 도달하는 진정한 방법이 아닙니다."

쉴 새 없이 퍼부어 댄 폭탄으로도, 절멸의 공포를 주는 핵폭탄 위협으로도 북베트남을 굴복시킬 수 없다는 걸 깨달은 미국은 결국 베트남에서 발을 빼기로 결정합니다. 그리고 1973년 1월 27일 파리에서 평화협정을 체결하고 60일 안에 모든 미군을 철수하기

★   닉슨은 1952년부터 1960년까지 미국의 부통령이었습니다.

로 했습니다.

다시 처음 질문으로 돌아가 볼까요? 왜 미국은 베트남전쟁 때 핵무기를 사용하지 않았을까요? 여기에 핵무기의 지독한 역설이 존재합니다. 핵이라는 '절대무기'는 실제로 사용하면 그 가치를 잃어버리게 됩니다. 만약 당시 미국이 핵폭탄을 북베트남에 떨어뜨렸다면 어떻게 되었을까요? 타격은 북베트남의 몫만이 아니었을 겁니다. 오히려 미국이 북베트남보다 더 큰 타격을 입었을 수도 있습니다.

일본에 두 발의 핵폭탄을 떨어뜨린 데 이어 베트남에서도 핵무기를 사용했다면, 미국은 '핵전쟁 국가'라는 오명을 영원히 씻을 수 없었을 겁니다. 이건 미국이 도덕적으로나 인도적으로나 패배자가 된다는 것을 의미합니다. 게다가 중국과 소련의 전면적인 개입을 유도해 3차 세계대전으로 비화될 위험도 있었을 테고요.

미국도 이러한 위험성을 알고 있었습니다. 그래서 핵 위협만으로 자신의 목적을 달성하고 싶었던 것입니다. 하지만 핵의 위력에 대한 맹신에 눈이 멀고 말았습니다. 역지사지의 태도가 부족했던 것이죠.

수소탄 실험

완전 성공!

박정희 대통령은 왜 핵무기 개발에 실패했나요?

박정희의 핵 개발　　"1970년대 동북아시아에 비밀리에 핵무기를 개발하고, 국민을 고문하는 나라가 있었다. 사람들은 북한이라고 생각할 것이다. 아니다, 남한이다. 1970년대의 남한과 오늘날의 북한은 여러 점에서 흡사하다."

　　누가 한 말일까요? 노태우 정부 때 주한 미국 대사를 지냈던 도널드 그레그가 2011년에 한 말입니다. 1970년대, 그러니까 박정희 정부 때 미국 중앙정보국(CIA) 한국 지부 총책임자였던 도널드 그레그는 박정희 대통령의 비밀 핵무기 개발 계획을 누구보다 잘 알고 있었어요. 박정희 대통령은 1979년 10월 26일 김재규 중앙정보부장에 의해 살해당했습니다. 그 배경에는 박정희 대통령의 핵 개발을 저지하기 위한 미국 중앙정보국의 음모가 도사리고 있었다는 주장도 있지만 그것은 사실이 아닙니다.

그렇다면 박정희 대통령은 왜 핵무기를 개발하려고 했고, 핵무기 개발은 어느 정도 수준까지 진행되었을까요? 그리고 실패한 까닭은 무엇이었을까요? 너무 궁금해서 미국의 비밀 해제 문서를 집중적으로 살펴보았습니다. 비밀 해제 문서에는 오늘날 북핵 문제와 한미 관계, 그리고 우리의 핵무장 문제를 이해하는 데 도움이 되는 내용이 많았습니다.

박정희 대통령이 핵무기 개발에 관심을 갖게 된 계기는 베트남전쟁과 '닉슨독트린'이었습니다. 1969년에 미국 대통령으로 취임한 리처드 닉슨은 새로운 아시아 정책을 구상합니다. 주된 내용은 베트남전쟁을 빨리 끝내고, 중국과 관계 개선에 나서며, 아시아 안보는 아시아 국가가 스스로 책임지도록 한다는 것이었습니다. 이러한 구상이 집약된 게 바로 1969년 7월 25일 괌에서 발표한 닉슨독트린입니다. 핵우산 제공을 비롯한 안보 조약은 이행하겠지만, 위협에 직면한 아시아의 미국 동맹국들이 자국의 안보를 위한 병력 동원에 우선적인 책임을 지도록 한다는 것이었죠.

그리고 아시아 주둔 미군의 대대적인 감축에 돌입합니다. 가장 먼저 베트남에서 본격적으로 미군 철수를 진행해 1969년 초 73만 명에 달했던 병력이 1971년에는 28만 명까지 줄고, 1973년 파리평화협정 체결 후에는 완전 철수 수순을 밟았습니다. 미국은 중국과의 관계 개선에도 속도를 냈습니다. 이는 박정희 대통령에게 큰 충격이었습니다. 미국이 남베트남을 포기하는 것을 확인했고, 공산국가인 중국과도 친구가 되려는 것을 목격했으니까요.

설상가상으로 미국은 주한 미군의 감축도 단행합니다. 주한 미군 병력을 6만 명에서 4만 명으로 감축하겠다는 것이었어요. 이를 통보받은 박정희 정권은 한국이 5만 병력을 베트남에 파병하고 있는 상황에서 주한 미군까지 감축하면 북한의 오판을 야기할 수 있다며 미군 감축에 반대했습니다. 그러나 미국의 태도는 단호했고, 예정대로 병력을 줄이기 시작했습니다. 대신 5년 동안 15억 달러의 군사원조를 제공해 한국군의 현대화를 돕겠다는 타협안을 내놓았습니다. 박정희 대통령은 어쩔 수 없이 이 제안을 받아들이고, 한편으로는 비밀리에 핵 개발에 착수했습니다. 그리고 관계자들에게 1977년까지 핵무기 개발을 완료하라고 주문했습니다. 뿐만 아니라 핵탄두를 운반할 수 있는 미사일 개발도 함께 진행했습니다. 당시 비밀 핵무기 개발 암호명은 '890'이었고, 사정거리 350킬로미터 미사일 개발 암호명은 '백곰'이었습니다.

미국의 한국 핵무장 저지　　박정희 정권은 핵 개발을 위해 캐나다로부터는 중수로를, 유럽으로부터는 재처리 시설을 구매하려고 했습니다. 계획대로 이 시설들을 확보할 경우 한국은 핵무장에 필요한 설비를 갖추는 것이었습니다. 중수로에서 가동된 사용 후 연료를 재처리하면 핵분열 물질인 플루토늄을 확보할 수 있기 때문입니다. 이를 뒷받침하듯, 미국의 정보기관은 1974년 극비 보고서에서 "한국은 10년 이내에 핵무기 개발 잠재력을 갖게 될 것"이라고 분석했습니다.

그런데 미국은 박정희 대통령의 비밀 핵 개발 프로젝트를 어떻게 알았을까요? 비밀 해제된 미국 문서들을 보면, 미국에 천기를 누설한 사람은 외교관을 비롯한 한국인들이었습니다. 당시 한국 정부 관료들과 언론인들을 접촉한 필립 하비브 주한 미국 대사는 "한국의 최고위 관료들은 핵무기 생산 능력을 확보할 수 있기를 희망하고 있다"라고 본국에 보고했습니다. 보고를 전달받은 미국은 광범위한 정보망을 동원해 조사에 착수했고, 결국 한국이 캐나다와 유럽에서 핵무기 개발에 필요한 장비와 시설을 도입하려고 한다는 사실을 알게 되었지요.

미국은 이를 중대한 사건으로 간주했습니다. 당시 미국은 자신이 주도해서 만든 핵 확산 금지 조약의 강화에 힘쓰면서 한국에도 가입하라고 압박하고 있었거든요. 그런데 동맹국인 한국이 핵 확산 금지 조약 가입이 아니라 핵무장을 선택하면, 이 조약의 기반이 송두리째 흔들릴 수도 있었습니다. 또한 미국은 한국의 핵무장이 북한, 일본, 대만 등지로 이어지는 '핵 도미노' 현상을 유발할 것이라고 여겼습니다. 그래서 결사적으로 막기로 한 것이죠.

미국의 한국 핵무장 저지 시도는 다방면으로 이루어졌습니다. 우선 캐나다와 유럽 국가들에는 핵무기 개발로 전용될 수 있는 핵 시설을 한국에 판매하지 말라고 요구했습니다. 한국에는 핵 확산 금지 조약 가입을 요구해 관철시켰습니다. 아울러 한국이 명확하게 핵무기 개발을 포기하지 않으면 고리 원전 1호기를 비롯한 한국의 미래 핵에너지 프로그램에 대한 미국의 지원이 위태로워질 것이라고 압박했습니다. 캐나다도 한국이 재처리 시설을 포기하지 않으면 중수로를 판매하지 않겠다며 미국 편을 들었습니다.

물거품이 된 청와대의 기대 하지만 박정희 정권의 일부 관료들은 '시간은 우리 편'이라고 안일하게 생각했습니다. 이스라엘의 예를 들면서 미국이 결국은 한국의 핵 개발을 용인할 것이라고 기대했지요. 1950년대 초반부터 핵 개발에 착수한 이스라엘은 60년대 후반에 핵무장 능력을 확보했습니다. 이를 잘 알고 있던 미국은 결국 이스라엘의 핵무장을 용인해 주었고요. 미국이 묵인한 대가로 이스라엘은 핵실험을 하지 않고 공식적으로 핵 보유를 선언하지 않기로 했습니다. 이로 인해 전 세계가 이스라엘의 핵무장 사실을 알고 있는데도 이스라엘 정부는 여전히 확인도 부인도 하지 않는 상태가 이어지고 있어요.

청와대의 일부 관료들은 미국이 이스라엘에게 그랬듯 단기적으로는 반대해도 결국은 한국의 독자적인 핵무장 능력 확보를 인정하고 용인할 것이라고 믿었습니다. 그러나 미국은 이스라엘에게는 감아 주었던 눈을 한국한테는 부릅떴습니다. 핵무기 개발에 전용될 수 있는 일체의 핵 프로그램 보유를 용인하지 않은 것입니다. 청와대도 처음에는 버티다가 결국 미국의 요구를 수용했습니다. 한국이 일정 수준의 핵무장 잠재력을 확보하는 것을 미국이 허용할 것이라고 예측한 청와대의 기대는 이렇게 물거품이 되고 말았지요.

한국이 핵무기 개발을 포기하자 미국은 여러 가지 지원책을 내놓았습니다. 한미원자력협정을 체결해 원자력발전소 건설을 지원했고, 미국이 한국에 다량의 핵무기를 배치한 사실도 공개했습니다. 또한 기존의 한미합동군사훈련을 대폭 강화해 '팀 스피릿 훈련'을 시작했고, 한미연합사령부를 창설해 한미 동맹을 강화했습니다.

그래도 안심이 안 되었는지, 미국의 레이건 행정부는 박정희 대통령에 이어 두 번째 군사 쿠데타로 집권한 전두환과 거래했습니다. 한국이 핵 개발을 완전히 포기하면 전두환 정권을 인정하겠다고 말이죠. 전두환은 미국으로부터 정권을 인정받는 대가로 이를 수용했습니다.

냉전이 끝나면서
핵전쟁의 공포도 사라졌나요?

총성 한 방 없는 냉전 종식　　　1988년 5월 소련의 수도 모스크바 붉은광장에서 있었던 일입니다. 미하일 고르바초프 소련 공산당 서기장이 로널드 레이건 미국 대통령에게 이렇게 물었습니다. "아직도 소련을 악의 제국이라고 생각하세요?" 그러자 레이건은 "아니요"라고 답했습니다. 1983년 레이건은 소련을 '악의 제국'이라고 부르면서 소련과의 전면적인 핵전쟁에서 승리할 수 있는 방법을 강구해야 한다고 말했어요. 그런데 어떻게 5년 만에 이렇게 바뀌었을까요?

레이건은 훗날 회고록에서 "고르바초프와 나는 화학작용을 일으켜 우정과 대단히 비슷한 무언가를 만들어 낸 게 분명하다"라고 밝혔습니다. 고르바초프 역시 레이건의 부인 낸시 레이건에게 "당신 남편과 나는 어떤 화학작용을 일으킨 것 같다"라고 말했습니다. 그리고 1년 후인 1989년 미국과 소련은 총성 한 방 울리지 않고 냉전 종식을 선언했습니다. 이 사례는 적대 관계에 있는 나라일수록 서로, 특히 최고 지도자가 만나서 이야기를 나누는 게 대단히 중요하다는 것을 보여 줍니다.

미국과 소련의 냉전 종식으로 핵전쟁의 위험도 사라졌을까요? 인류 절멸을 가져올 대규모 핵전쟁의 가능성이 크게 줄어든 것은 사실입니다. 그러나 여전히 문제는 남습니다. 우발적인 핵전쟁의 발발 가능성입니다. 지금부터 하는 이야기를 읽고 나면 '진짜 있었던 일일까?'라는 의문이 들겠지만, 영화나 소설에 나오는 이야기가 아니라 진짜 일어난 일입니다. 그럼, 최근에 일어난 '하와이 소동' 부터 볼까요?

하와이 시간으로 2018년 1월 13일 오전 8시 7분, 하와이 주민과 관광객들의 휴대폰에 긴급 문자메시지가 떴습니다. "탄도 미사일이 하와이를 위협하고 있다. 즉각 대피처를 찾아라. 이건 훈련이 아니다." 하와이 주민들은 40일 전에 북한의 핵미사일 공격에 대비해 대피 훈련을 한 적이 있었습니다. 그런데 이번에는 훈련이 아니라니! 북한의 핵미사일이 날아오고 있다는 공포에 휩싸인 사람들이 대피할 수 있는 시간은 불과 20분. 운전하던 사람들은 차를 버리고 피신했고, 건물에 있던 사람들은 모두 지하주차장으로 향했습니다. 집 안에 있던 사람들은 욕조에서 몸을 웅크렸고요.

이 일이 일어나기 열흘 전에는 도널드 트럼프 대통령이 자신의 책상 위에 "핵 단추"가 놓여 있고 "작동도 한다"라며 자랑한 적도 있었습니다. 만약 이때 트럼프 대통령이 정말로 하와이에 북한의 핵미사일이 날아가고 있다고 믿었다면 어떻게 되었을까요? 이날 최초의 긴급 문자메시지가 착신된 지 13분 후, 두 번째 문자메시지가 곳곳에 전해졌습니다. "앞선 메시지는 실수로 보낸 것"이라고 말이죠. 조사해 보니 하와이주 정부 비상관리국 직원이 작업 교대 중에 경보 버튼을 잘못 눌러서 벌어진 해프닝이었다고 합니다. 황당하죠? 그런데 이전에도 비슷한 일들이 여러 차례 있었습니다. 몇 가지만 소개해 볼게요.

핵무기를 탑재한 폭격기 출격 쿠바 미사일 위기 당시의 일입니다. 위기가 절정에 달했던 1962년 10월 25일, 미국 미네소타주 북동부 소재 덜루스 기지에 괴한이 침입했습니다. 경비병은 침입자를 향해 총을 쏘면서 비상경보를 발동

했어요. 그런데 위스콘신에 있는 공군기지에서 이 경보를 출격 신호로 착각해 핵무기를 탑재한 폭격기를 출격시키려고 했습니다. 다행히 폭격기 조종사가 덜루스 기지와 교신해서 잘못된 신호라는 것을 알게 되었죠. 덜루스 기지 침입자는 누구였을까요? 사람이 아니라 곰이었다고 합니다.

더 아찔한 순간도 있었어요. 1983년 미국과 소련의 관계는 최악으로 치닫고 있었습니다. 미국은 소련을 "악의 제국"이라고 비난하면서 핵전쟁에서의 승리를 다짐했고, 소련도 큰소리치며 팽팽하게 대립하고 있었습니다. 그런데 그해 9월 1일 대형 참사가 발생했습니다. 뉴욕을 출발해 서울로 향하던 대한항공 여객기를 소련 공군이 미국의 정찰기로 오인해 격추한 것입니다. 이로 인해 여객기에 타고 있던 탑승객과 승무원 269명이 전원 사망하고 말았습니다.* 서로를 악마화하던 미국과 소련은 이 사건을 계기로 더욱 날카롭게 대립했습니다. 미국에서는 소련이 고의로 민항기를 격추시켜 놓고서는 미국에 책임을 전가한다고 주장했고, 소련에서는 미국

★ 1983년 9월 1일 뉴욕을 출발해 앵커리지를 경유, 김포공항으로 향하던 대한항공 여객기가 사할린 부근 상공에서 소련 전투기의 미사일 공격을 받고 추락했습니다. 피격된 여객기에 탑승한 승객은 한국인 81명, 미국인 55명, 일본인 28명, 중국인 36명, 필리핀인 16명, 캐나다인 10명, 태국인 6명, 오스트레일리아인 4명, 스웨덴인, 말레이시아인, 인도인이 각 1명, 무국적 베트남 난민 1명, 승무원 29명이었습니다.

이 대규모 공격을 정당화하기 위해 소련의 항공기 공격을 유도했다며 무시무시한 음모론을 제기했습니다.

소련과 미국 양국의 비난이 절정에 달하던 9월 26일, 소련 위성은 미국이 5기의 핵미사일을 소련으로 발사하는 것을 탐지했습니다. 이 정보를 접수한 소련 장교가 미국이 소련에 핵미사일 공격을 한다고 상부에 보고했다면 소련도 즉각적인 핵 보복 태세로 전환했을 겁니다. 그런데 이 장교는 뭔가 이상하다고 생각했습니다. 만약 미국이 소련에 미사일 공격을 한다면 5기보다는 훨씬 많을 거라고 생각했거든요. 5기의 핵미사일로는 소련의 보복 능력을 무력화시킬 수 없다고 봤기 때문입니다. 이렇게 판단한 장교는 상부에 "잘못된 정보일 가능성이 높다"라고 보고했습니다. 그럼 소련 위성은 무엇을 본 걸까요? 황당하게도 태양빛이 구름에 반사된 것을 미국의 미사일 발사로 착각한 것이었습니다.

황당하고 오싹한 핵 사고　미소 냉전이 끝나자 더는 위험하고 황당한 일들이 일어나지 않았을까요? 그렇지 않습니다. 1995년 1월 25일 러시아의 레이더 부대는 "어떤 로켓이 모스크바로 향하고 있다"라며 "미국이 잠수함에서 발사한 핵미사일로 보인다"라고 보리스 옐친 대통령에게 보고합니다. 그러자 옐친은 핵 공격 명령을 내릴 수 있는 '핵 가방'을 가동했는데, 이는 역사상 처음 있는 일이었습니다. 그런데 잠시 후 옐친은 또 다른 보고를 받습니다. 미사일의 탄착지가 러시아가 아니라는 겁니다. 어떻게 된 일이었을까요? 노르웨이가 위성용 로켓을 발사한다고 러시아를 비롯한 35개국에 통보했는데, 이 정보가 레이더를 운용하는 러시아 군인들한테 전달되지 않아 발생한 일이었습니다.

황당한 핵 사고는 세계 일류 국가를 자처하는 미국에서도 여러 차례 발생했습니다. 미국과학자연맹은 2001년부터 2007년까지 미 공군에서 발생한 핵무기 취급 부주의 사례가 모두 237건에 달한다고 보고했습니다. 핵미사일을 장착한 줄도 모르고 전략폭격기가 36시간 동안 미국 본토를 횡단 비행한 적도 있었고, 대만에 헬리콥터 배터리 대신 대륙 간 탄도 미사일 기폭 장치를 잘못 보낸 적도 있었으며, 50개의 핵미사일이 한 시간 동안 소재 파악이 안 된 적도 있었다고 합니다.

이렇게 위험하고 황당한 사고는 많았지만 다행히 핵전쟁으로 이어진 사례는 없었습니다. 하지만 이런 사고를 겪고도 크게 달라진 게 없다는 점에 문제의 심각성이 있습니다. 미국과 러시아는 오늘날까지도 일촉즉발 상태를 유지하고 있습니다. 이를 전문 용어로

'경보 즉시 발사' 태세라고 하는데, 이러한 상태에서는 사람의 오판이나 기계의 오작동이 우발적인 핵전쟁의 가능성을 높이는 중요한 요인이 될 수 있습니다.

그래서 많은 사람이 미국과 러시아 정부에 일촉즉발 상태를 하루빨리 해제해야 한다고 요구하지만, 아직까진 '소 귀에 경 읽기'입니다. 오히려 2010년 이후 두 나라의 핵 군비경쟁은 더욱 치열해지고 있어 불안은 점점 커질 뿐입니다.

핵무기를 반대하는
운동이 있다고요?

과학자들, 반핵운동을 주도하다　'절멸의 무기'로 불리는 핵무기
가 등장하고 확산되면서 자기
보호 본능이 다양한 방식으로 나타났습니다. 나도 가져야 보호할
수 있다며 핵무기를 만든 나라도 있고, 핵 보유국의 핵우산 아래 들
어간 나라도 있습니다. 하지만 그 반대도 있었습니다. 핵무기 사용
을 금지하고 궁극적으로는 폐기함으로써 핵전쟁의 공포에서 벗어
나야 한다는 반핵운동이 일어나기 시작했습니다.

　　초기 반핵운동은 핵무기의 위험성을 누구보다 잘 알고 있는 핵
물리학자들이 주도했습니다. 루스벨트에게 편지를 보내 핵무기 개
발을 독촉한 아인슈타인과 맨해튼 프로젝트에 참여해 핵무기 개발

을 이끈 오펜하이머가 대표적입니다. 이들과 자웅을 겨루었던 핵물리학자 닐스 보어는 핵전쟁 방지와 핵무기 폐기를 위해 "전 세계 과학자들이여, 단결하자!"라고 호소했습니다. 과학자들의 이러한 호소와 반핵운동에도 불구하고 미국과 소련은 하늘, 육지, 바다를 가리지 않고 경쟁적으로 핵실험을 했고, 지구촌 곳곳에서는 이상기후와 기형아 출산이 눈에 띄게 늘어났습니다. 그러자 슈바이처 박사를 비롯한 의사들도 반핵운동에 동참했습니다. 또한 많은 사람이 시민단체를 만들어 조직적인 운동에 나서기도 했습니다.

반핵운동이 대중적으로 폭발한 시기는 1980년대 초반이었습니다. 소련이 유럽을 겨냥해 중거리 핵미사일을 배치하자, 미국도 유럽에 핵미사일을 배치하겠다고 발표한 것이 발단이었습니다. 유럽 곳곳에서는 수십만 명이 참여하는 반핵 집회가 잇따라 열렸고, 미국에서도 반핵운동에 동참하는 움직임이 크게 일어났습니다. 당시 반핵운동의 슬로건은 "핵을 동결하라!"라는 것이었습니다. 미국과 소련이 경쟁적으로 핵무기를 만들어 내니 핵무기 생산과 관련된 모든 활동을 중단하라는 주장이었지요.*

하지만 1983년 미국의 레이건 행정부는 소련을 "악의 제국"으

★   1980년대 들어 미소 간의 핵 군비경쟁이 격화되면서, 1986년에 소련은 4만 개, 미국은 3만 개의 핵무기를 보유했습니다.

로 부르면서 전면적인 핵전쟁에 대비한 '전략방위구상(SDI)'을 천명합니다. 그러자 반핵운동의 중심지는 유럽에서 미국으로 옮겨갔습니다. 전략방위구상은 우주 공간에서 레이저를 발사해 소련의 핵미사일을 요격하겠다는 구상인데요, 그래서 '스타워즈 계획'이라고도 합니다. 이 구상은 군비경쟁을 격화시키고 핵전쟁 위기를 고조시킬 수 있다는 우려에 기름을 부었습니다. 과학자들은 미국과 소련이 핵전쟁을 벌이면 지구는 '핵겨울'에 직면한다는 연구 결과를 발표했습니다. 이 발표는 반핵운동의 열기를 고조시켰고, 결국 미국이 전략방위구상을 철회하고 소련과 핵 군축 협상에 나서도록 하는 데 지대한 공헌을 한 것으로 평가받습니다.

나부터 반핵 실천　　한편 아래로부터의 반핵운동도 활발해졌습니다. '우리 동네부터 핵 위협에서 벗어나자'는 시민운동이 전개되었지요. 제가 2001년 미국 버클리에 갔을 때 재미난 풍경을 본 적이 있습니다. 자동차 유리창에는 '핵 없는 차', 집 현관에는 '핵 없는 집'이라는 스티커가 붙어 있는 걸 많이 볼 수 있었거든요. 사람들에게 물어보니 나부터 반핵을 실천해 도시로, 국가로, 대륙으로, 세계로 확대하자는 취지라고 설명해 주었습니다.

이 취지를 살려 서유럽, 일본, 북미에 있는 많은 지방자치단체들은 비핵 조례를 제정했고 핵무기와 핵 위협이 없는 공동체를 가꾸었습니다. 안타깝게도 중앙정부 차원에서는 이를 승인하지 않아 상징적인 수준에서 머무르는 경우가 많았지만요. 그렇지만 시민들의 요구를 받아들인 지방자치단체 차원의 비핵화 운동은 '아래로부터의 실천'을 통해 비핵화를 선전하고 규범화하는 데 도움을 주었고, 국제정치 영역에서도 시민의 목소리를 반영하는 데 유효했다는 평가를 받습니다.

반핵운동의 정신을 국가 차원에서 실천한 나라들도 있고, 여러 나라가 함께 실천하는 경우도 있습니다. 이를 비핵지대라고 하는데요, 비핵지대는 핵무기 자체가 전혀 없고 핵무기 사용이 금지된 지역을 말합니다. 더 정확하게 표현하면 '비핵무기 지대'라고 할 수 있지요.

몽골의 비핵지대법 제정　　비핵지대는 매우 다양합니다. 인류 공동의 자산이라고 일컫는 남극, 해저, 우주에 핵무기 배치를 금지하는 조약이 있는데, 이곳들도 넓은 의미의 비핵지대라고 할 수 있어요. 또 개별 국가가 비핵 국가의 위상을 추구하는 경우도 있는데, 몽골이 대표적입니다. 2000년 몽골 의회는 '몽골 비핵지대법'을 제정했고, 몽골 정부는 유엔 사무총장에게 이 법을 제출해 국제적 승인을 요청합니다. 그해 10월 유엔 총회는 몽골의 법안을 승인했고, 5대 핵 보유국들도 몽골의 비핵지대법 제정을 지지했습니다. 따라서 몽골은 유엔이 비핵지대 국가의 위상을 국제법적으로 보장해 준 유일한 국가가 되었답니다.

세계 최대의 피폭국인 일본도 1967년에 '핵무기를 만들지도, 갖지도, 반입하지도 않는다'는 '비핵 3원칙'를 발표했습니다. 그러나 몽골이나 잠시 후 설명할 뉴질랜드와 달리 입법된 것이 아니어서 법적 구속력은 없습니다. 게다가 일본은 미국의 핵우산 아래에 있고, 밀약을 통해 미국 핵무기의 반입, 기항, 통과를 허용한 사례도 있어 일본의 비핵 3원칙은 실질적인 효력이 없다는 비판도 존재합니다. 하지만 이러한 비핵 3원칙은 일본의 자체 핵무장을 반대하는 강력한 근거로 작용해 왔습니다. 일본 국민의 70~80퍼센트가 핵무장에 반대하고 있을 정도로 말이죠.

핵 청정 국가, 뉴질랜드 1987년에 비핵법을 제정한 뉴질랜드의 사례는 주목할 만합니다. 뉴질랜드 정부는 비핵법의 규제 대상에 핵무기를 실은 선박과 항공기뿐 아니라 핵추진 항공모함과 잠수함도 포함시켰습니다. 이 법에 따르면 핵추진 항공모함이나 잠수함도 뉴질랜드 영해에 들어올 수 없습니다. 그러자 핵추진 항공모함과 잠수함을 대거 보유한 미국이 강하게 반발했습니다. 그러나 뉴질랜드는 미국의 압력에 굴복하지 않고 비핵 국가로서 위상을 지켰습니다. 비핵법을 통해 자국의 평화를 증진하고, '청정 국가'의 이미지를 드높여 관광 산업을 육성하며, 국제사회에서 핵 문제 해결을 주도하며 도덕적 권위도 확보하겠다는 의지를 관철한 것이지요.

이처럼 마을이나 지방자치단체, 국가 같은 다양한 형태의 비핵지대가 존재하는데요, 대표적인 사례는 이웃한 여러 나라를 비핵지대로 만드는 것입니다. 핵 문제를 포함한 안보 문제는 주로 국가 사이의 관계에서 발생합니다. 또한 핵 포기와 안전보장 여부를 결정하는 당사자가 국가이고, 이에 대한 법적 구속력을 부여하기 위해서는 국가 간의 국제조약이 필요합니다. 이에 따라 1950~60년대에는 유럽의 비핵 국가들을 중심으로 비핵지대를 만들자는 활발한 논의가 있었습니다. 그러나 미국과 소련의 이해관계 및 유럽 국가들의 견해 차이로 결실을 맺지는 못했답니다.

비핵지대를 선포하는 나라들　　　하지만 1959년 남극조약 체결을 시작으로 비핵지대는 빠르게 확산되었습니다. 그후 중남미의 틀라텔롤코 조약(1967년 2월 14일 서명, 1969년 4월 25일 발효), 남태평양의 라로통가 조약(1985년 8월 6일 서명, 1986년 12월 11일 발효), 동남아시아의 방콕 조약(1995년 12월 15일 서명, 1997년 3월 28일 발효), 아프리카의 펠린다바 조약(1996년 4월 11일 서명, 2009년 7월 15일 발효), 중앙아시아의 세미팔라틴스크 조약(2006년 9월 8일 서명, 2009년 3월 21일 발효)이 잇따랐습니다. 이에 따라 현재 남반구 전체와 북반구 일부 국가가 비핵지대를 선포했고 해당하는 국가 수는 116개국에 달합니다. 북반구의 비핵지대화가 더딘 까닭은 9개 핵 보유국들과 미국의 핵우산 아래에 있는 동맹국들 대부분이 북반구에 있기 때문입니다.

　각 지역의 비핵지대는 저마다 다양한 특징과 의의를 갖고 있습니다. 라틴아메리카의 틀라텔롤코 조약은 1962년 쿠바 미사일 위기가 발생하면서 필요성이 강하게 제기되었습니다. 쿠바 미사일 위기 당시 미국과 소련이 핵전쟁의 문턱까지 갔던 끔찍한 상황이 벌어졌으니까요. 라틴아메리카 비핵지대는 미국과 소련 등 핵 보유국의 핵무기 반입을 금지함으로써 쿠바 미사일 위기 같은 악몽이 재현되는 것을 예방하자는 취지하에 만들어졌습니다.

아프리카의 펠린다바 조약은 프랑스가 1960년대 초 알제리에서 핵실험을 한 것이 계기가 되었습니다. 또 아프리카에서 본격적으로 일어난 민족해방운동도 한몫했지요. 프랑스는 이 조약이 체결된 1996년 이후 폴리네시아를 비롯한 아프리카에서 핵실험을 중단했습니다. 이 과정에서 남아프리카공화국과 넬슨 만델라 대통령이 중요한 역할을 했습니다. 1980년대 말 남아공은 보유하고 있던 6개의 핵무기를 모두 폐기했습니다. 핵 폐기 완료 이후 남아공의 첫 대통령이 된 만델라는 아프리카 전체를 비핵지대로 만드는 데 앞장섰습니다.

동남아시아 비핵지대는 베트남전쟁이 결정적 배경으로 작용했습니다. 프랑스·미국·중국·소련 등 핵 보유국이 직간접적으로 개입된 이 전쟁이 자칫 핵전쟁으로 비화할 수도 있는 위험성을 보여 주었기 때문이죠. 그래서 동남아시아 국가들은 1971년에 '평화·자유·중립 지대'를 선언했는데, 이 선언이 1995년 방콕 조약으로 이어졌습니다.

구소련에 소속되어 있던 국가들로 구성된 중앙아시아의 세미팔라틴스크 조약도 주목할 만합니다. 이 조약의 회원국인 카자흐스탄, 키르기스스탄, 타지키스탄, 투르크메니스탄, 우즈베키스탄 등 5개국은 구소련의 핵무기나 핵 시설이 대거 존재했던 국가입니다. 당연히 소련 붕괴 이후 핵 확산 우려가 제기될 수밖에 없었지요. 그러나 이 나라들이 비핵지대를 선포함으로써 핵 확산 우려는 해결되었습니다.

이러한 비핵지대의 의의는 무엇일까요? 우선 핵 확산 금지 조약과 달리 해당 지역 내에 핵무기를 완전히 금지하고 있어요. 그러다 보니 핵 보유국이 비핵지대에 핵무기를 배치할 수 없어요. 또한 핵 보유국이 비핵지대 조약국들에 핵무기 사용 및 사용 위협을 하지 않는다는 소극적 안전보장과 핵무기를 배치하지 않겠다는 약속도 요구하고 있습니다. 이렇듯 비핵지대는 안보 정책에서 핵무기에 대한 의존도를 줄이고, 비핵 지역을 점차 넓혀 나가면 궁극적으로는 전 세계를 비핵지대로 만들 수 있다는 취지를 품고 있습니다. 비핵지대 조약이 핵 확산 금지 조약의 허점을 보완하는 성격을 지니고 있다는 것을 알 수 있겠지요?

지구 면적의 절반은 비핵지대 하지만 여러 가지 한계가 있는 것도 사실입니다. 우선 핵 보유국들이 비핵지대 국가들에 핵무기 사용 및 사용 위협을 하지 말아야 하는데, 일부 핵 보유국들이 이를 명확하게 약속하길 주저하곤 합니다. 또한 미국은 핵무기 배치나 일시 통과가 필요하다고 판단되는 지역의 비핵지대 조약에 서명하지 않거나 예외 조항을 요구하기도 합니다. 지구 면적의 절반 이상이 비핵지대로 되어 있지만, 핵심 지역은 비핵지대에 포함되지 않았다는 점도 아쉬운 대목입니다. 1·2차 세계대전 및 냉전의 최전선이었던 유럽, 인도와 파키스탄이 핵 군비경쟁을 벌여온 남아시아, 핵 보유국 이스라엘과 핵 개발 의심 국가인 이란이 있는 중동, 그리고 북핵 문제로 갈등을 겪고 있는 동북아시아 등은 아직 비핵지대가 되지 못했습니다.

핵 보유국들의 성의 없는 태도에 화가 난 많은 국가와 국제 반핵 평화 단체들은 핵 확산 금지 조약을 대체할 새로운 조약 체결 운동에 나섰습니다. 'ICAN(핵무기폐기국제운동)'이 선두에 섰고, ICAN은 그 공로를 인정받아 2017년에 노벨평화상을 수상했습니다. 그리고 2017년 7월 유엔 총회에서 122개국의 찬성으로 핵무기 금지 조약(TPNW)이 채택됩니다. 이 조약은 핵 확산 금지 조약의 본질적인 한계를 극복하고 핵전쟁 예방과 모든 핵무기의 궁극적인 폐기를 목표로 합니다.

하지만 미국, 러시아, 중국, 영국, 프랑스 등 유엔 안전보장이사회 상임이사국이자 공인된 핵 보유국들과 핵 확산 금지 조약 비회원국이면서 핵무기를 보유하고 있는 인도, 파키스탄, 북한, 이스라엘은 이 역사적인 조약에 참여하길 거부했어요. 또 북대서양조약 기구(NATO) 회원국들도 모두 거부했고, 세계 양대 피폭 피해국이자 미국의 핵우산 아래에 있는 한국과 일본도 북한의 핵 위협을 구실로 반대했습니다. 그럼에도 핵무기 금지 조약 확산 운동은 멈추지 않고 있습니다.

여러 가지 한계에도 불구하고 반핵운동과 비핵지대는 핵무기를 절대로 사용해서는 안 되는 무기로 인식하도록 하는 데 크게 기여했습니다. 핵무기가 인류 절멸의 무기가 될 수 있다는 점을 포착하고, 핵무기 사용을 금지하고 궁극적으로 폐기하는 것이 인류 사회의 도덕과 가장 현명한 생존 방식에 해당한다고 강조한 것이지요. 그 결과 핵 보유국들이 전쟁에서 핵무기를 사용하는 것은 점점 어려워졌습니다. 이는 1945년 이후 핵무기가 사용된 적이 한 번도 없다는 사실에서도 알 수 있습니다.

14

세계 3·4·5위 핵 보유국이 핵을 포기했다고요?

소련 해체 후 등장한 핵 보유국　1991년 12월 소련이 해체되면서 세계 3·4·5위의 핵 보유국이 등장했습니다. 소련에서 분리 독립한 우크라이나, 카자흐스탄, 벨라루스입니다. 이 나라들의 핵 보유량은 우크라이나가 4,200개로 미국과 러시아에 이어 3위, 1,400개를 보유한 카자흐스탄이 4위, 800개를 보유한 벨라루스가 5위를 기록했습니다. 물론 이 나라들이 자발적으로 핵무기를 만든 건 아니었습니다. 소련이 보유하고 있던 핵무기가 이 나라들의 영토에 있어 넘겨받은 것이지요.

하루아침에 이 세 나라의 핵무기가 초미의 관심사로 부상했습니다. 만약 핵무기나 핵물질의 관리를 소홀히 해서 다른 나라로 판매되거나 테러리스트들에 의해 탈취될 수 있다는 우려도 팽배해졌습니다. 이러한 우려는 소련 해체를 전후한 시기에 할리우드 영화의 단골 소재로 등장하기도 했지요. 그러자 국제사회에서는 러시아를 소련의 유일하고 공식적인 핵 보유 승계국으로 삼기로 했고, 미국과 러시아는 우크라이나, 카자흐스탄, 벨라루스의 핵 포기를 최대 당면 과제로 삼았습니다.

처음에는 세 나라도 협력적이었어요. 미국, 러시아, 우크라이나, 카자흐스탄, 벨라루스는 1992년 5월 '리스본 의정서'에 서명했습니다. 세 나라는 가능한 한 이른 시일에 비핵 국가의 지위로 핵확산 금지 조약에 가입하고, 모든 핵무기를 러시아로 이전해 폐기하기로 합의했어요. 미국은 재정과 기술을 지원하기로 했고요.

그런데 우크라이나가 핵 포기에 쉽게 동의하지 않았습니다. 안보와 경제의 관점에서 보면 핵을 계속 보유해야 한다고, 또는 포기해야 한다면 더 많은 보상을 받아야 한다고 생각했거든요. 1992년 11월에는 "가장 높은 가격을 지불하는 국가에 핵무기를 판매할 의사가 있다"라고 말해 국제사회를 발칵 뒤집어 놓기도 했답니다. 1993년 11월 우크라이나 최고 의회는 결의안을 채택했는데, 핵무기 운반 수단의 36퍼센트와 핵탄두의 42퍼센트만 폐기하겠다는 내용이었습니다.

부다페스트 합의의 약속　당황한 미국과 러시아는 우크라이나에 3자 정상회담을 제안했고, 이듬해 1월 14일 세 나라 정상은 '3자 성명'을 채택합니다. 핵심은 우크라이나가 핵무기를 포기하는 조건으로 미국과 러시아는 우크라이나의 안전을 보장하고 핵연료도 제공하겠다는 것이었습니다. 또한 이 세 나라는 약 15조 원 규모의 거래에 합의했는데, 미국과 러시아가 우크라이나의 고농축 우라늄을 사들이는 조건이었습니다. 다른 핵 보유국들인 영국, 프랑스, 중국도 이 합의를 지지했어요.

　그 결과 나온 것이 1994년 12월에 체결된 '부다페스트 합의'입니다. 미국, 러시아, 영국은 "우크라이나의 독립과 주권과 국경선을 존중하고 우크라이나의 영토적 통합과 정치적 독립에 반하는 무력 사용 및 사용 위협을 자제한다"라고 약속했습니다. 우크라이나 정부는 이러한 약속을 받아 낸 다음 비로소 핵 확산 금지 조약에 가입하고 핵 포기를 단행합니다. 카자흐스탄과 벨라루스도 우크라이나와 비슷한 경로를 밟았고요.

　그로부터 20년 가까이 지난 2014년, 우크라이나에서는 절규에 가까운 탄식이 쏟아졌습니다. 우크라이나에서는 2010년부터 친미 세력과 친러 세력 사이의 갈등이 커지고 있었는데 결국 내전으로 이어졌습니다. 그리고 2014년 2월 러시아는 우크라이나의 내전을 틈타 크림반도를 병합했습니다. 영토를 잃은 우크라이나에서는 20년 전에 핵무기를 포기한 것이 "큰 실수였다"라는 목소리가 높아졌습니다. 영토 보전을 약속했던 러시아도, 안전보장을 약속했던 미국도 약속을 지키지 않는 것을 보고, "핵무기를 갖고 있었다면 러시아가 침공하지 못했을 것"이라는 탄식이 커진 것입니다.

　앞서 언급한 부다페스트 합의에는 문제가 발생할 경우 "4자 회담을 개최한다"라는 조항도 있습니다. 이 조항을 들어 우크라이나는 크림반도를 병합한 러시아가 부다페스트 합의를 위반했다며 4자 회담을 요구했습니다. 그래서 미국, 영국, 우크라이나의 외무장관들이 프랑스 파리에 모였습니다. 그러나 러시아의 외무장관은 파리에 체류 중이었는데도 끝내 회의장에 나타나지 않았습니다. 우크라이나의 울분은 더욱 커졌습니다. 분개한 일부 정치인들은 핵무장의 필요성을 주장했지만, 현실적으로 불가능한 일이었습니다. 핵 개발을 시도했다가는 엄청난 경제제재는 물론이고 러시아의 공격에 의한 전쟁 가능성도 배제할 수 없었기 때문입니다. 급기야 2022년 2월 러시아는 우크라이나 침공을 강행했습니다. 약 20퍼센트의 영토를 잃을 위기에 처한 우크라이나에서는 탄식의 목소리가 더욱 커졌지요.

우크라이나의 핵 포기에서 얻은 교훈   만약 핵무기를 포기하지 않 았다면 우크라이나의 운명은 어떻게 달라졌을까요? 러시아의 침공을 받지 않았을 수도 있고, 핵 전쟁이 벌어졌을 수도, 이를 우려해 소규모 충돌이 계속되었을 수도 있겠지요. 우크라이나가 핵 포기를 요구한 국제사회로부터 강력한 경제제재를 받았을 수도 있고요. 어쨌든 우크라이나의 사례를 보면 서 미국 정보기관의 최고 책임자인 댄 코츠는 2017년 여름 이렇게 말 하기도 했습니다. 이때는 북한이 장거리 미사일을 시험 발사하면서 미국과 정면 대결도 불사하겠다고 큰소리치던 때였습니다.

"김정은은 세계 도처에서 일어난 일들을 예의 주시해 왔습니 다. 핵무기를 가진 국가들과 그것을 지렛대로 삼았던 국가들을 말 이죠. 김정은은 자신의 주머니에 핵 카드를 넣고 있어야 강력한 억 제 능력을 갖는다는 것을 목도했습니다. (중략) 북한이 우크라이나 의 핵 포기에서 얻은 교훈은 불행하게도 '만약 핵이 있다면 절대 포 기하면 안 된다, 핵무기가 없다면 그걸 가져야 한다'라는 것이죠."

북핵 문제와 관련해 많은 것을 생각하게 하는 말입니다. 댄 코 츠를 비롯한 여러 사람이 김정은의 핵무장은 미친 짓이 아니라 "정 권과 국가의 생존을 위한 합리적 사고에 기반한 것"이라고 평가합 니다. 오해는 하지 마세요. 제가 이 말을 인용한 것은 결코 김정은의 핵무장을 지지한다는 뜻이 아닙니다. 역지사지의 태도를 가질 때, 북핵 문제 해결도 가능해진다는 뜻이니까요.

국제 뉴스에 자주 나오는
이란은요?

서울의 테헤란로, 테헤란의 서울로　　이란은 한국 축구의 라이벌이
자 석유 생산국으로 우리에게
도 잘 알려져 있는 나라입니다. 서울 강남에는 '테헤란로'가 있는데
이란의 수도가 바로 테헤란입니다. 그리고 테헤란에는 '서울공원'과
'서울로'가 있습니다. 1962년에 수교한 한국과 이란이 1970년대 후
반에 친선을 강화하자는 의미에서 자국 수도의 일부 거리에 상대국
수도 이름을 붙였지요.

　　이란은 종종 뉴스에도 등장하는데요, 주로 핵 문제나 미국 및
이스라엘과 갈등을 다룬 보도가 많습니다. 이란의 핵 문제는 좀 복
잡합니다. 하지만 이란의 핵 문제를 이해하면 세상을 볼 수 있는 안

목도 부쩍 자랍니다. 우리나라와 관계가 아주 깊기도 하고요.

우선 이란은 핵 개발을 둘러싸고 다른 나라와 인식 차이가 대단히 큽니다. 이란이 자체적으로 보유하려고 하는 우라늄 농축 프로그램은 저농축을 하면 원전 가동에 필요한 핵연료나 의료·농업 목적인 방사성동위원소로 사용할 수 있어요. 이른바 '핵의 평화적 이용'이죠. 그런데 고농축을 하면 핵무기를 제조할 수 있는 핵분열 물질을 추출할 수 있어요. 미국과 이스라엘은 세계 3, 4위를 겨루는 석유 생산 대국 이란의 원자력발전소가 필요하다는 주장에 의문을 제기합니다. 그러나 이란은 "언제 고갈될지 알 수 없는 석유에만 의존할 수는 없다"라며 에너지 수급 체계를 다양화하고 석유 고갈에 대비하기 위해 원자력발전소가 필요하다고 주장합니다.

국제법의 관점에서 보더라도 복잡합니다. 이란은 핵 확산 금지 조약 회원국이기 때문에 우라늄 농축 프로그램을 보유할 수 있는 권리가 있어요. 다만 핵무기 제조용으로 전용되지 않도록 국제원자력기구의 사찰을 성실히 받아야 하지요. 이를 근거로 이란은 자체적인 우라늄 농축 프로그램 보유는 주권국가이자 핵 확산 금지 조약 회원국으로서의 당연한 권리라고 주장합니다. 그러나 미국과 이스라엘은 이란이 우라늄 농축 프로그램을 확보하면, 언젠가 북한처럼 핵 확산 금지 조약에서 탈퇴하고 핵무장에 나설 것이라고 우려하고 있지요.

미국의 이중 잣대도 논란거리입니다. 미국의 동맹국인 이스라엘은 미국의 방조 속에 비밀리에 핵무기를 개발해 현재 90개 정도의 핵무기를 보유한 상황이거든요. 게다가 미국은 핵 확산 금지 조약 비회원국인 인도와 파키스탄의 핵 개발도 사실상 묵인했어요. 이 세 나라, 이스라엘, 인도, 파키스탄의 공통점은 미국과 친하다는 것입니다. 게다가 미국은 중동의 친미 국가인 사우디아라비아에 원자력발전소 수출도 추진해 왔어요. 미국이 친미 국가들의 핵무장은 용인하고 원자력 기술도 판매하면서 이란의 평화적 핵 이용은 인정할 수 없다고 하니, 이란으로서는 이러한 미국의 이중 잣대가 상당히 불만이겠지요.

2015년 핵 합의에 도달 이란 핵 문제가 관심을 끄는 까닭은 전쟁이 일어날 가능성 때문입니다. 이스라엘의 지도자들은 "미국에 통보하지 않고 단독으로라도 이란을 폭격할 수 있다"라고 으름장을 놓곤 했습니다. 이란이 핵 보유 문턱을 넘기 전에 선제공격을 해서라도 이란의 핵 개발을 저지하겠다는 거예요. 이에 대해 이란은 이스라엘이 공격해 오면 "이스라엘의 붕괴로 이어질 것"이라며 맞받아쳤어요. 설상가상으로 미국 정부도 이란이 핵무기 개발을 시도하면, 무력을 사용해서라도 이를 저지하겠다는 입장을 피력하곤 했어요.

미국·이스라엘과 이란 사이의 말싸움은 세계 경제 위기와 맞물려 더 큰 우려를 낳았습니다. 만약 이스라엘이 단독으로, 또는 미국과 함께 이란을 공격하면 세계 경제에도 치명적인 영향을 줄 수 있기 때문이에요. 가령 이란이 세계 원유와 천연가스 수송의 약 30퍼센트를 차지하는 호르무즈해협을 봉쇄하면 국제 유가가 천정부지로 치솟게 됩니다. 그래서 이스라엘의 이란 공격은 이미 여러 차례 전쟁과 그 후유증에 시달려온 중동에서 또 하나의 '지옥문'을 여는 결과를 초래할 것이라는 경고도 나왔습니다.

사정이 이러니 다른 주요국들도 팔짱만 끼고 있을 수만은 없었어요. 영국, 프랑스, 독일, 중국, 러시아 등도 이란 핵 협상에 본격적으로 뛰어들었습니다. 미국 및 이란과 더불어 7자 회담이 시작된 것이죠. 그리고 2015년 7월 오스트리아 빈에서 이란 핵 협상을 체결합니다. 이란의 핵무장 가능성을 원천적으로 차단하는 대신 이란에 부과한 경제제재를 해제하기로 한 것이 주요 골자였죠. 이 합의의 주역인 미국의 버락 오바마 대통령은 "역사적 합의"라고 치켜세웠지만, 미국의 핵심 동맹국인 이스라엘의 네타냐후 총리는 "역사적 실수"라고 비난했습니다.

당시 합의 내용은 이랬어요. 앞에서도 언급했듯이 이란 핵 문제의 쟁점은 우라늄 농축 정도였으니 이 문제와 관련해 절충안을 만드는 것이 핵심입니다. 이란이 우라늄 농축에 필요한 핵심 장비인 원심분리기 보유량을 2만 개에서 5,000개 정도로 줄이고, 농축할 수 있는 농도를 3.67퍼센트로, 규모는 300킬로그램 이하로 제한한 거예요. 이렇게 하면 핵무기를 만들기가 대단히 어렵거든요. 그리고 엄격한 사찰을 통해 이란이 합의를 잘 지키고 있는지도 확인하기로 했습니다. 이에 상응하는 조치로 유엔 안전보장이사회와 미국, 유럽연합은 이란에 부과한 제재를 해제하기로 했고요.

트럼프의 이란 핵 협상 탈퇴와 재협상　　그런데 2016년 미국 대선에서 승리한 도널드 트럼프가 이란 핵 협상을 파기해 버렸습니다. 2017년 10월 그는 이란 핵 협상이 "최악의 협상 중 하나"라며 "인정하지 않겠다"라고 말했고, 2018년 5월에는 공식적으로 탈퇴를 선언했습니다. 그리고 다시 경제제재를 가하기 시작했어요. 이란 핵 사찰을 담당해 온 국제원자력기구와 미국의 동맹국들인 영국, 프랑스, 독일은 "이란이 핵 협상을 잘 준수하고 있다"라며 트럼프를 만류했지만 소용없었습니다.

협상 내용이 '불완전하다'는 이유 때문이었어요. 우라늄 농축을 완전히 금지해야 하는데 부분적으로 허용했고, 탄도미사일과 생화학 무기 폐기는 포함하지 않았다는 것입니다. 하지만 다른 까닭도 있었습니다. 무엇보다 트럼프는 오바마를 매우 싫어했습니다. 그래서 오바마가 이룬 업적을 하나둘씩 지워 버렸어요. 파리기후변화협약, 자유무역협정, 의료보험 제도인 '오바마 케어' 등이 이에 해당됩니다.

이랬던 트럼프는 2024년 대선에서 승리해 백악관으로 복귀한 상황입니다. 그리고 2025년 3월부터 이란과 재협상에 들어갔어요. 2018년에 이란 핵협정에서 탈퇴한 트럼프가 다시 대통령이 되자 협상에 나선 이유가 뭔지 궁금하지 않나요? 복합적인 요인이 작용하고 있어요. 우선 트럼프는 2기 취임사에서 "피스메이커"가 되겠다고 다짐했는데, 그러기 위해서는 이란 핵 문제 역시 해결해야 한다고 생각해요. 또 미국은 중국-러시아-북한-이란의 연대를 저지하는 걸 중요한 전략 목표로 내세우고 있는데, 이를 위해서는 이란과의 협정이 필요하다고 생각해요. 하지만 우라늄 농축을 포함해 이란의 핵 프로그램을 완전히 폐기하겠다는 트럼프의 욕심과 평화적 핵 이용 권리를 포기할 수 없다는 이란의 입장이 팽팽하게 맞서면서 협상은 난항을 겪고 있습니다.

기습 전쟁, 그리고 불안한 휴전　　미국과 이란의 협상이 난항을 겪고 있던 2025년 6월 13일, 가장 우려했던 일이 기어코 벌어졌습니다. 이스라엘이 수백 기의 전투기와 비밀 요원을 동원해 이란의 여러 핵 시설을 타격하고 주요 사령관과 핵 과학자를 암살한 것이죠. 이틀 후 오만에서 미국-이란 협상이 예정되어 있었는데, 네타냐후 정권이 협상보다는 무력으로 이란의 핵무장을 저지하겠다고 나선 거예요. 기습 공격을 당한 이란도 미사일과 드론을 동원해 이스라엘을 공격했습니다.

전면전의 우려가 커지고 있을 때, 미국도 이란을 한밤중에 공격했습니다. B-2 전략폭격기에 '벙커 버스터'로 불리는 초대형 폭탄을 세 곳의 핵 시설에 투하한 것이죠. 보복을 다짐한 이란도 여러 발의 미사일을 카타르 미군 기지로 쐈습니다. 하지만 이는 '약속 대련'이었어요. 이란이 미사일을 발사하기에 앞서 카타르와 미국에 이를 전달함으로써 요격할 기회를 준 것이죠. 이로 인해 미군의 피해는 거의 없었습니다. 이란은 체면치레를 하면서도 확전을 원하지 않았던 것이고, 미국도 '감사하다'며 추가 행동에 나서지 않았습니다.

그렇다면 이스라엘과 미국의 이란 공격은 어떻게 봐야 할까요? 이란에 대한 무력 사용이 정당화될 수 있는 근거로는 두 가지가 있어요. 하나는 유엔 안전보장이사회가 이란의 핵 개발이 국제 평화와 안정에 큰 위협이 되고 외교적 해결이 불가능해졌다고 판단해 군사행동을 결의하는 것입니다. 또 하나는 이스라엘이나 미국에 대한 이란의 공격이 명백하고도 임박했을 경우에 이스라엘이나 미국이 자위권을 발동하는 것입니다.

그런데 이스라엘과 미국의 이란 공격은 이 두 가지 가운데 어느 것에도 해당되지 않아요. 이란의 우라늄 농축 활동이 우려를 불러일으키기는 했지만, 미국의 정보기관이나 국제원자력기구조차 이란이 핵무기 개발을 결정했거나 그 길로 가고 있다는 근거는 없다고 밝혔거든요. 더구나 미국과 이란은 협상 중이었습니다. 당연히 이란이 이스라엘이나 미국을 먼저 공격할 것이라는 어떠한 징후도 없었고요. 즉 이스라엘과 미국의 이란 공습은 유엔헌장을 위반한 불법적인 공격입니다.

다행히 6월 24일 이란과 이스라엘은 아슬아슬한 휴전에 들어갔습니다. 미국이 이스라엘을, 카타르가 이란을 설득한 것이 주효했지요. '피스메이커'를 자처했다가 또 다른 전쟁을 시작할 뻔한 트럼프 대통령은 "휴전은 이제 발효됐다. 위반하지 마라!"라며 양측을 향해 호통도 칩니다. 하지만 앞날이 밝지만은 않습니다. '중동의 앙숙'인 이란과 이스라엘이 언제 또다시 충돌할지 알 수 없습니다. 또 미국과 이란의 협상이 타결될지도 불분명합니다. 모쪼록 서로 만족할 수 있는 합의를 통해 지속 가능한 평화의 토대가 만들어지길 바랄 뿐입니다.

북한은 왜 핵무기를 만들었나요?

핵무기는 만능의 무기가 아니다　　2025년 현재 북한은 50개 정도의 핵무기와 50개 분량의 핵무기를 만들 수 있는 핵물질을 갖고 있다고 해요. 이건 북한이 발표한 것이 아니라 외부에서 추정한 수치입니다. 그리고 북한은 핵무기를 실어 나를 수 있는 탄도미사일 생산능력도 수준급입니다. 만약 북한의 핵무기가 서울 한복판에 떨어지면 100만 명 정도의 목숨을 앗아갈 것이라는 연구 결과도 있습니다. 생각만 해도 끔찍한 일이지요.

　그런데 북한은 왜 핵무기를 만들었을까요? 가장 중요한 질문이자 가장 논란이 많은 주제입니다. 어떤 사람들은 북한이 적화통일을 하려고 만들었다고 합니다. 미국에 핵 위협을 가해 끼어들지

2019년 5월 북한은 동해에서 탄도미사일을 시험 발사했습니다.
전문가들은 북한이 미국에 대한 압박 수위를 높이는 동시에
추가 제재를 피하기 위해 이러한 도발에 나선 것이라고 분석했습니다.

못하게 하고 핵무기를 앞세워 한반도를 공산화하려는 의도라는 거
죠. 하지만 그런 일이 실제로 일어날 가능성은 없습니다. 과도한 피
해망상은 자신을 피폐하게 만들 수 있으니 냉정하고 정확하게 상
황을 볼 필요가 있습니다.

　우선 다른 핵 보유국들의 전쟁 사례를 살펴볼 필요가 있어요.
미국은 핵무기의 위력을 믿었지만 한국전쟁을 촉발한 북한의 무
력 도발을 막지 못했고 중국의 참전도 막지 못했습니다. 베트남전

쟁 때는 굴욕적인 패배를 당하기도 했고요. 최근에도 이라크, 아프가니스탄, 시리아 등지에서 군사적 목적을 달성하지 못했습니다.

미국뿐만이 아닙니다. 소련도 1979년에 아프가니스탄을 침공했지만, 10년 후 패배를 인정하고 철수했습니다. 프랑스도 식민지로 두고 있었던 아프리카 나라들의 독립전쟁에서 패배했습니다. 2022년 우크라이나를 침공한 러시아 역시 초기에는 고전을 면치 못했어요. 이 나라들은 하나같이 핵 보유국인데, 전쟁이 자신의 뜻대로 전개되지 않은 겁니다. 핵무기가 결코 '만능의 무기'가 될 수 없다는 것을 보여 주는 사례들이지요.

북한을 압도하는 한국의 국력   북한이 핵을 앞세워 한반도를 공산화할 수 없는 이유는 더 있습니다. 북한이 미국에 핵 위협을 가한다고 과연 미국이 북한의 남침을 보고만 있을까요? 1950년의 6·25 남침은 소련과 중국의 승인과 지원이 결정적이었는데, 지금도 중국과 러시아가 북한의 남침을 지원할까요? 여러분도 생각해 봤으면 하는 질문입니다. 무엇보다 한국의 국력은 북한을 압도합니다. 한국의 경제력은 북한보다 50배 정도 강하고, 국방비는 북한보다 10배 이상 쓰고 있어요. 미국의 한 연구기관은 2023~2025년 한국의 군사력을 세계 5위로 평가한 반면 북한은 30위권 밖으로 평가했어요. 여기에는 핵무기가 포함되지 않았지만, 한국의 전쟁 수행 능력이 북한을 압도하고 있는 것은 분명합니다.

이러한 조건들을 종합해 볼 때, 북한이 한반도를 공산화하기 위해 전쟁을 시도한다면 괴멸당하는 쪽은 한국이 아니라 북한이 되고 말 겁니다. 북한 지도자들도 이 사실을 잘 알고 있고요. 물론 백 퍼센트 안심할 수는 없습니다. 한반도에서는 언제든 무력 충돌이 발생할 수 있고, 핵전쟁으로 비화될 가능성을 완전히 배제할 수는 없으니까요. 그래서 전쟁을 예방하는 것이 절대적으로 중요합니다. 우발적이고 국지적인 무력 충돌이 발생하지 않도록 하고, 설사 이런 일이 벌어져도 전면전으로 치닫지 않게 전쟁 방지와 위기관리에 힘써야 합니다. 전쟁을 막기 위해 어떤 노력이 필요할지 여러분도 생각하고 토론해 보면 좋을 것 같아요.

저렴하고 결정적인 한방　　적화통일을 위한 것이 아니라면 북한은 왜 핵무기를 만들었을까요? 북한의 말로는 미국의 적대시 정책 때문에 만들었다고 하니, 상대국인 미국의 판단을 살펴보는 것도 의미 있을 것 같습니다. 미국 정부기관 가운데 국가정보국(DNI)이라는 곳이 있는데, 16개 정보기관을 총괄하는 최고 정보기관입니다. 이곳의 최고 책임자가 이렇게 말한 적이 있습니다.

"북한 지도부는 재래식 군사력의 결핍 때문에 억제와 방어에 초점을 맞추고 있다. 북한의 관점에서 볼 때, 북한의 핵 능력은 억제, 국제적 위엄, 그리고 강압 외교를 위한 것이라고 우리 정보기관들은 오랫동안 평가해 왔다."

이 발언을 풀어 보면 이렇게 정리할 수 있습니다. 먼저 북한이 핵무장을 한 중요한 동기는 한미 동맹에 견주어 취약한 재래식 군사력을 핵 보유를 통해 만회하려는 것입니다. 실제로 한국의 국방비만 보더라도 북한보다 10배 이상이며 그 금액은 북한의 국내총생산(GDP)보다 많습니다. 미국의 국방비는 북한의 300배, 일본의 국방비는 북한의 15배가 넘습니다. 그러니까 북한은 저렴한 방식으로 결정적인 한 방, 즉 핵무기를 갖는 것이 군사적 열세를 만회할 수 있는 열쇠라고 판단한 것 같습니다.

또 북한은 핵무장을 한 것이 전쟁 억제를 위해서라고도 주장합니다. 억제(또는 억지)는 '나를 건들면 너도 무사하지 못할 것'이라며 자신의 능력과 의지를 과시해 상대방이 공격하지 못하게 하는 것입니다. 이는 대부분의 국가들이 취하는 안보 전략이기도 합니다. 우리나라 국방장관도 "북한이 도발하면 강력하게 응징하겠다"라는 말을 자주 합니다. 미국도 "북한이 미국이나 동맹국을 공격하면 응분의 대가를 치르게 하겠다"라고 합니다. 한미 양국은 다양한 군사 훈련을 합동으로 하는데, 이 역시 억제 전략의 일환입니다. 그런데 가장 강력한 보복 수단은 바로 핵무기입니다. 북한이 주장하는 '핵 억제력'이나 한국과 일본이 미국의 핵우산 아래 있는 것도 같은 맥락에서 이해할 수 있습니다.

미국의 정보기관은 북한의 핵 보유 동기 가운데 하나로 국제적 위엄 추구를 들었습니다. 여러분, 제가 이 책의 앞부분에서 많은 나라가 핵 보유를 통해 국제사회에서 강대국 지위를 가지려 한다고 설명했던 부분 기억나지요? 북한도 핵무기가 있어야 국제사회에서 무시당하지 않는다고 생각합니다. 또한 북한 내부적으로도 자부심을 높여 체제 결속을 강화하려는 의도로도 볼 수 있고요. 한편 북한 정권은 막대한 자원이 들어가는 재래식 군사력보다는 상대적으로 저렴한 핵무기와 미사일을 군사력의 중추로 삼아 재래식 군사력의 부담을 줄여 경제 발전도 꾀하겠다는 생각을 갖고 있어요.

그런가 하면 강압 외교를 위한 것이라는 분석도 나옵니다. 핵 위협을 동원해 자신이 원하는 외교적 목적을 달성하겠다는 뜻입니다. 한국전쟁 휴전 협상 당시 미국이 공산권을 향해 휴전에 동의하지 않으면 핵 공격을 가하겠다고 위협했던 것을 떠올려 보면 쉽게 이해할 수 있을 거예요. 1962년 쿠바 미사일 위기도 비슷한 맥락에서 이해할 수 있습니다. 미국은 소련이 쿠바 미사일 기지를 철수하지 않으면 핵전쟁도 불사하겠다고 했어요. 소련도 미국이 쿠바를 침공하지 않는다는 약속을 하지 않고 터키에 배치한 핵미사일을 철수하지 않으면 핵전쟁을 불사하겠다고 맞받아쳤고요.

그렇다면 북한은 핵을 통한 강압 외교로 무엇을 노리는 걸까요? 북한이 공식적으로 주장하는 것은 평화협정 체결과 대북 제재 해제, 그리고 북미 관계 정상화입니다. 엄밀히 말해 한국전쟁은 아직 끝나지 않았습니다. 휴전협정, 또는 정전협정 상태로 멈춰 있습니다. 무려 72년 동안을요. 그리고 북한은 미국의 주도로 강력한 경제제재를 당하고 있습니다. 북한과 미국은 한 번도 수교를 맺은 적이 없고요. 그래서 '과거의 북한'은 미국의 군사적 위협이 사라지고, 정전협정이 평화협정으로 바뀌고, 경제제재도 풀리고, 북미 수교가 이루어지면 핵을 포기할 수 있다고 주장했습니다. 하지만 최근 들어서는 이런 입장을 거둬들이고 "불가역적인 핵 보유국"의 지위를 노리고 있어요. 비핵화는 더 이상 협상의 대상이 아니라는 것이죠.

역지사지로 접근하는 북핵 문제　　여러분은 북한의 핵 보유에 대해 어떻게 생각하세요? 저는 북한의 잘못된 선택이라고 생각합니다. 북한의 처지를 전혀 이해하지 못하는 건 아니지만, 외부의 위협에 반드시 핵무장으로 대처해야 하는지에 관해서는 부정적입니다. 북한이 핵무장으로 안보 문제를 완전히 해결한 것도 아니고, 핵무장이 초래한 경제제재로 피폐해진 주민의 삶이 얼마나 개선될지도 미지수입니다.

북핵 문제를 풀기 위해서는 역지사지의 태도가 필요합니다. 퀴즈 하나 내 볼까요? 세계에서 가장 깊은 지하철은 어디에 있을까요? 답은 북한의 수도 평양입니다. 깊이가 무려 110미터나 된다고 해요. 왜 그렇게 깊이 팠을까요? 미국의 핵 공격에 대비하기 위해서라고 하네요.

우리가 '핵을 가진 북한을 어떻게 상대할까?'라는 골치 아픈 질문에 본격적으로 직면한 것은 2006년부터입니다. 그해 실시한 북한의 1차 핵실험을 기준으로 삼으면 말이죠. 하지만 북한은 '핵으로 위협하는 미국을 어떻게 상대하지?'라는 질문에 70년 넘게 골몰해 왔습니다. 그러나 미국을 비롯한 다른 나라들은 북한의 고민과 우려를 잘 알지도 못하고, 알려고도 하지 않았고, 알더라도 외면해 왔습니다. 이러한 외면이 북한의 핵무장이라는 괴물을 키운 건 아니었는지 생각해 볼 필요가 있습니다.

저의 이러한 생각이 북한을 옹호하는 태도라며 옳지 않다고 하는 사람들도 있습니다. 그런데 미국을 대표하는 가장 오래된 통신사인 AP는 미국의 비밀 해제 문서를 분석하고 이런 논평을 했습니다. "1950년대부터 오늘에 이르기까지, 미국은 반복적으로 북한에 대해 핵무기 사용을 고려해 왔고, 계획해 왔으며, 위협해 왔다." 그러면서, "미국의 핵 위협은 북한에 핵무기를 개발하고 보유할 구실을 주었다. 북한은 이러한 기본적인 문제가 해결되지 않는 한, 핵무기를 포기하지 않을 것"이라고 결론지었답니다.

이런 시각도 있어요. 미국의 저명한 현실주의 국제정치학자인 존 미어샤이머 시카고대 석좌교수는 통일부가 주최한 '2023 한반도 국제 포럼' 기조 강연에서 이렇게 말했어요. "북한이 핵무기를 보유했을 때 한반도의 전쟁 발발 확률이 낮아지고, (그래서) 북한의 핵 보유가 비핵화보다 낫다." 북한의 핵 보유가 한국의 압도적인 재래식 군사력의 우위 및 미국의 확장 억제와 균형을 이뤄 "광범위한 관점에서 한반도의 안정을 가져온다"라는 주장이었어요. 전혀 예상하지 못한 발언에 주최 측인 통일부도 이 포럼에 참석한 사람들도 크게 당황했지요. 한국 내에서 이런 주장을 하면 북한을 편든다는 비난을 받겠지만, 저는 중요한 토론거리라고 생각해요. 이런 주

제로 토론을 금기시할수록 우리의 상상력과 지혜도 위축될 수 있

으니까요.

채찍이나 당근이 상대방을 변화시키기도 하지만

때로는 공감이

더 큰 변화를 만들어 내기도 합니다.

경제제재는
어떻게 봐야 하나요?

경제제재의 지독한 역설　북한 핵이든 이란 핵이든, 그림자처럼 따라다니는 게 있습니다. 바로 경제제재입니다. 해당국에 경제적 고통을 가해 핵 개발을 포기하게 만들겠다는 의도입니다. 여러분도 언론을 통해 제재라는 단어를 들어봤을 거예요. 여러분은 경제제재에 대해 어떻게 생각하나요? 위험천만한 핵무기를 만들려고 하니 제재받는 건 당연하다고 생각하나요? 그런데 조금만 생각을 바꾸어 보면 제재는 지독한 역설을 품고 있다는 것을 알 수 있어요.

　　첫 번째 역설은, 경제제재는 핵무기를 비롯한 대량파괴무기

2020년 5월 북한의 모내기. 대북 경제제재와 함께 코로나 19 위기를 겪었던 당시 북한의 경제는 '고난의 행군'이 시작된 1994년의 상황과 비슷하다고 보고됩니다.

(WMD)의 개발 및 보유 저지가 주된 목표인데, 정작 제재 자체가 대량파괴무기 못지않게 인도적 참사를 불러왔다는 점입니다. 대표적인 사례가 이라크예요. 1990년부터 1991년까지 이어진 1차 걸프전 때부터 2003년 사담 후세인이 축출될 때까지 이라크는 12년 동안 가혹한 경제제재를 받았습니다. 그래서 이라크에서는 어린이를 포함해 수십만 명에 이르는 무고한 사람들이 목숨을 잃었습니다. 무기 개발에 전용될 수 있다는 이유로 이라크는 필수 의약품을 비롯해 대부분의 생필품을 수입할 수 없었기 때문입니다. 이러한 경제제

재로 인한 사망자 수는 모든 대량파괴무기로 인한 역대 사망자 수보다 많다는 주장도 있습니다. 그래서 미국의 어떤 정치학자는 "진정한 대량파괴무기는 바로 경제제재"라고 말했지요.

두 번째 역설은, 이러한 인도적 참사에도 불구하고 제재를 문제 삼는 목소리가 거의 없다는 것입니다. 핵무기의 가공할 만한 살상 능력에 압도된 나머지, 실제로 이러한 참사를 초래한 제재에 대해서는 너무나도 둔감한 거죠. 보통의 상식과 양심을 가진 사람이라면 사람의 생존과 존엄을 위협하는 고문을 나쁘다고 생각할 거예요. 제재는 '집단이 집단에 가하는 고문'이라고 해도 과언이 아닙니다. 게다가 제재로 인해 생존에 필요한 가장 기본적인 물품과 서비스를 보장받지 못하는 사람들은 정책 결정과 무관한, 죄 없는 민간인들이 대부분입니다.

세 번째 역설은, 제재를 부과하는 주된 국가들이 다름 아닌 핵무기 보유국들이라는 점입니다. 제재는 개별 국가가 부과하는 경우도 있지만, 대개는 유엔 안전보장이사회의 결의를 통해서 이루어집니다. 그런데 유엔 안전보장이사회의 상임이사국이 어떤 나라들인가요? 미국, 영국, 프랑스, 중국, 러시아 5개국입니다. 이 나라들의 공통점은 뭘까요? 그렇습니다. 모두 핵 보유국입니다. 핵 보유국이 다른 나라가 핵무기를 만들고 있다는 것을 구실로 제재를 가하고 있는 셈입니다.

친하면 허용, 안 친하면 제재　　물론 이에 대해 반론도 있습니다. 위의 5개국은 합법적인 핵 보유국이기 때문에 불법적인 핵 개발 국가에 제재를 부과할 수 있다고 말이죠. 그런데 이 역시 차별적입니다. 이스라엘, 인도, 파키스탄도 핵무장을 했지만, 제재를 받지 않았거나 제재가 부과되었어도 흐지부지 없던 일이 되어 버렸습니다. 이 세 나라와 강력한 제재를 받은 북한이나 이란, 이라크의 차이점은 무엇일까요? 그건 바로 미국과 친한가 안 친한가입니다. 미국과 친하면 제재를 받지 않고, 안 친하면 제재를 받습니다. 법은 만인에게 평등해야 한다고 하는데, 국제정치에서는 여전히 힘과 이익의 논리가 강하다는 것을 알 수 있지요. 제재를 받는 처지에서는 당연히 부당하다고 생각할 수밖에 없습니다. 그래서 제재를 받는 나라는 순종하고 굴복하기보다는 저항하고 버티기를 선택하는 경우가 많습니다. 그럴 경우 제재도 별로 효과적이지 않고요.

　이런 설명을 듣다 보면 궁금한 게 생깁니다. 별로 효과도 없고 무고한 사람들에게 피해만 입히는데, 왜 미국을 비롯한 많은 나라들은 다른 나라에 제재를 가할까요? 물론 제재를 가하는 나라들은 그 효과를 장담합니다. 무역에 제재를 가하면 핵무기와 탄도미사일을 만들 수 있는 부품과 재원을 조달할 수 없으니 무기를 만들수 없게 된다는 것이죠. 그리고 경제난이 심해지면 해당 국가 내부에서 반발이 심해져 정권이 교체되거나 민심을 따를 수밖에 없다고 주장합니다.

하지만 현실은 크게 다른 것 같아요. 강력한 제재를 받아도 저항을 선택한 북한이나 이란을 보면 잘 알 수 있어요. 그럼 다른 각도에서 제재를 바라볼까요? 어떤 나라의 핵 개발을 저지할 수 있는방법 중 하나는 무력입니다. 핵 시설을 파괴하는 겁니다. 그런데 무력은 전쟁 가능성을 높이고, 전쟁이 일어나면 무력을 행사한 나라도 피해를 볼 수 있습니다. 하지만 제재는 받는 나라에 큰 피해를주는 반면 제재를 부과한 나라에는 별다른 피해를 주지 않습니다.그러니 미국은 갈수록 제재를 선호하게 되는 것 같습니다.

핵무기 같은 무시무시한 무기를 만들지 못하게 하는 노력은 필요합니다. 핵무기를 만들 수 있는 원료나 부품을 획득하지 못하게하고, 핵무기 생산을 시도하거나 실행하는 정권의 인사들에 대해여행 금지와 자산 동결 같은 조치를 취하는 것이 한 방법입니다. 하지만 죄 없는 민간인에게 피해를 주는 제재는 마땅히 자제되어야 합니다. 대북 제재 역시 마찬가지입니다.

공감을 통한 문제 해결　　흔히 대북 제재를 찬성하면 북핵을 반대하는 것이고, 제재를 풀자고 하면 북핵을 용인하는 것으로 간주되곤 합니다. 하지만 이런 식의 이분법은 북핵 문제를 바라보는 시각을 더욱 협소하게 할 뿐입니다. 저처럼 대북 제재를 풀어야 한다고 주장하는 사람들도 북한의 핵 포기 수준에 맞춰 제재를 완화하고 해제하는 것이 북핵 해결에 도움이 된다고 여기기 때문입니다. 그렇지 않고 계속 제재를 강화하면 역효과가 일어날 수 있습니다. 러시아의 푸틴 대통령은 이렇게 말한 적이 있습니다.

　"북한은 안전하다는 확신을 갖지 않는 한 풀을 뜯어 먹을지언정 핵무기 프로그램을 중단하지 않을 것이다."

　지금까지 대북 제재는 두 가지 맥락에서 이루어져 왔습니다. 하나는 '당근'으로 불려 온 설득입니다. 북한이 핵을 포기하면 제재를 풀어 줄 것이고 이렇게 되면 북한도 잘사는 나라가 될 수 있다는 것이죠. 또 하나는 '채찍'으로 불려 온 강압입니다. 핵을 포기하지 않으면 더 심각한 어려움에 직면하게 될 것이라는 위협입니다.

하지만 이런 식의 접근에는 당연히 한계가 있습니다. 북한은 '그림의 떡'을 보고 핵을 포기할 수는 없다고 주장하며, 제재가 아무리 강해도 '자급자족과 자력갱생'으로 버티겠다고 하기 때문입니다.

그래서 새로운 접근이 필요합니다. 바로 '공감을 통한 문제 해결'입니다. 심리학자들은 상대방의 언행을 바꿀 수 있는 가장 효과적인 방법이 공감이라고 강조합니다. 역지사지의 관점에서 상대의 처지를 이해할 때 비로소 서로 만족스러운 방향으로 나아갈 수 있습니다. 대북 제재를 완화하거나 해제하는 것은 북한과 공감대를 형성할 수 있는 가장 좋은 방법입니다. 그렇게 했는데도 북한이 계속 핵무기를 만든다면요? 그러면 다시 제재를 부과한다는 내용을 합의문에 넣고 실제로 제재를 가하는 방법도 있겠지요.

우리도 핵무기를
가져야 하지 않을까요?

한국과 미국의 거래 여러분은 우리나라의 핵무장에 대해 어떻게
생각하세요? 북한이 핵무기를 가지면서 동
북아 6개국, 즉 남북한과 미국, 중국, 러시아, 일본 가운데 비핵 국가
는 한국과 일본만 남은 상황입니다. 그런데 일본은 마음만 먹으면
수백 개의 핵무기를 만들 수 있는 다량의 플루토늄을 갖고 있다고
해요. 따라서 핵무기 제조로 전용할 수 있는 우라늄 농축 프로그램
과 플루토늄 재처리 능력을 갖고 있지 않은 나라는 6개국 가운데
한국이 유일합니다.

이런 상황이라면 한국도 핵무장을 해야 한다는 주장이 나오는

것은 어쩌면 자연스러워 보입니다. 다른 나라들은 이미 핵무기를 갖고 있거나 잠재력이 있는 상황에서 한국만 그렇지 못하니 불공정하고 불공평하다고 생각할 수도 있지요. 이러한 상황을 반영하듯, 각종 여론조사를 보면 한국인의 핵무장 지지율은 60퍼센트를 넘나들고 있습니다. 호주의 저명한 외교관 리처드 버틀러는 "인간이 불공평을 참지 못하는 것이야말로 물리학의 기본 법칙만큼이나 확실하다"라며 이렇게 말했습니다.

"어떤 나라가 핵무기를 갖고 있는 한, 다른 나라도 갖고 싶어 할 수밖에 없다. 정의는 지구촌 모든 사람에게 가장 심대하고 중요한 개념이다. 그리고 대부분의 인간은 정의의 본질이 공정성에 있다고 본다. 핵 보유국들은 자국의 안보를 위해서는 핵 보유가 정당하다고 하면서 다른 나라의 안보에는 핵무기가 필요 없다고 주장한다. 지금까지의 역사는 이러한 주장이 비참한 실패라는 점을 자명하게 보여 준다."

오해는 하지 마세요. 이 발언의 핵심은 비핵 국가가 핵무기를 가져야 한다는 것이 아니라, 핵 보유국이 핵 폐기에 나서야 한다는 것이니까요. 그렇다면 한국의 핵무장은 가능하고 타당한 발상일까요? 우리가 평소에는 잘 느끼지 못하지만 한국은 미국의 핵우산 아래에 있어요. 다른 나라가 한국을 공격하면 미국이 핵으로 보복할 거니까 한국을 공격할 생각은 하지 말라는 뜻이지요. 그런데 미국의 핵우산과 한국의 핵무장 포기는 일종의 거래입니다. 따라서 한국이 독자적으로 핵무장을 하겠다는 것은 곧 미국의 핵우산을 믿지 못한다는 뜻이고, 미국에는 동맹을 깨자는 메시지가 될 수도 있습니다. 더는 거래를 유지할 수 없다는 거죠. 과연 한미 동맹 파기를 감수하면서까지 한국의 핵무장을 추진할 가치가 있을까요?

한국의 핵무장은 가능한가? 한국이 핵무기를 만들 수 있는 능력과 여건을 갖추는 일도 결코 간단하지 않습니다. 일부 언론의 논조를 보면 한국에서 핵무기를 만드는 일을 '공장에서 연탄 찍어 내는 것처럼' 간단하게 묘사하는데 결코 그렇지 않습니다. 핵무기를 만들려면 무엇이 필요하죠? 우라늄 농축 프로그램이나 플루토늄 재처리 시설이 필요합니다. 그런데 현재 우리나라에는 이 시설이 전혀 없습니다. 없으니까 만들어야겠죠? 그런데 이게 간단치 않습니다.

먼저, 고농축 우라늄 방식은 거의 불가능합니다. 한국이 핵무기 개발에 착수하는 순간, 원전 가동에 필요한 우라늄 수입이 금지당할 것이기 때문입니다. 한국은 북한과 달리 우라늄이 없어서 전량 수입에 의존해야 하거든요. 원전에서 나온 사용 후 연료봉을 재처리해 플루토늄을 추출하는 것은 어떨까요? 이것도 쉽지 않습니다. 한국이 재처리 시설을 만들려면 미국의 동의를 받아야 하는데, 그럴 가능성은 제로에 가깝습니다.

설사 미국이 동의하더라도 핵무기를 만드는 데에는 여러 가지 제약이 따를 수밖에 없어요. 고준위 방사능 물질이 대거 포함된 사용 후 핵연료를 재처리하는 과정에서 사고가 발생하면 어마어마한 피해를 입게 됩니다. 당연히 재처리 시설 후보 지역 주민들의 반발로 입지 선정부터 상당한 어려움을 겪게 될 거예요. 재처리 시설을 갖추는 데에는 천문학적인 비용이 들어간다는 것도 간과할 수 없는 문제이지요. 또한 실질적인 핵무장을 위해서는 여러 번의 핵실험이 필요한데, 과연 좁은 영토에 5천만 명이 모여 사는 대한민국에서 지하에 핵실험장을 건설하고 실제로 실험을 할 수 있을지도 의문입니다.

여러 전문가가 모범 사례인 것처럼 일컫는 일본의 사례도 유심히 살펴볼 필요가 있어요. 일본은 다량의 플루토늄을 보유하고 있지만, 이건 원자로급 플루토늄이라 핵무기 제조용으로는 적합하지 않습니다. 또 일본은 플루토늄을 가공해 핵연료로 재사용할 계획도 갖고 있지만 매우 위험하고 비싸서 그러지 못하고 있어요. 자체적으로 우라늄 농축을 하는 것보다 해외에서 수입하는 게 훨씬 저렴해서 농축 시설 가동도 중단했고요.

한국이 핵무장을 추진하면 국제적인 반대와 제재도 만만치 않을 거예요. 한국은 핵 확산 금지 조약 가입국이며 국제원자력기구 안전조치협정 체결국입니다. 한마디로 몰래 핵무기를 개발하는 것이 불가능하다는 거예요. 그래도 개발해야 한다면 북한처럼 핵 확산 금지 조약에서 탈퇴해야 합니다. 이렇게 하면 한국은 북한처럼 유엔 안전보장이사회에 회부되고 유엔을 통해서든, 한국의 핵무장을 반대하는 국가들에 의해서든 다양한 경제제재를 받게 될 겁니다. 그리고 그 피해는 어마어마할 수밖에 없어요.

무엇보다 전력 대란을 각오해야 합니다. 한국이 핵무장에 나서면 가장 먼저 받게 될 제재가 바로 우라늄 수입 금지 조치이거든요. 그러면 어떻게 되겠어요? 우리나라 전기 생산의 약 30퍼센트를 차지하는 원자력발전소 가동이 중단됩니다. 의료 대란도 닥칩니다. 병원에 가면 엑스레이 촬영이나 CT 촬영을 하죠? 이런 의료기기에는 방사성동위원소가 필요합니다. 항암 치료도 마찬가지예요. 우라늄 수입이 금지되면 국민의 건강과 생명을 돌보는 의료도 큰 타격을 받게 됩니다.

미국과 중국이 기침하면 한국은 독감

그뿐만이 아닙니다. 우리나라의 무역의존도는 85퍼센트에 이르고, 국제금융시장과 신용평가사의 동향에 민감하게 영향 받습니다. '미국이나 중국이 기침하면 한국은 독감에 걸린다'는 말이 나올 정도로요. 그런데 한국이 핵무기를 만들려고 하면 어떻게 되겠어요? 당연히 무역 활동에 상당한 차질이 생기면서 외국 자본은 빠져나가고 국제 신용평가사는 한국의 신용 등급을 낮추겠지요.

한국은 북한처럼 우라늄 광산을 보유한 것도 아니고, 이란처럼 석유 매장량이 풍부한 것도 아닙니다. 더구나 북한이나 이란보다 국제경제에 훨씬 깊숙이 연관되어 있어요. 이는 한국이 핵무장을 시도하면 치러야 할 경제적 비용이 북한이나 이란과 견줄 수 없을 정도로 막대하다는 것을 알려 줍니다. 따라서 만약 한국이 핵무장을 추진한다면 비용만 엄청나게 치르고 결국은 백기 투항할 수밖에 없을 거예요.

모든 제약을 극복하고 엄청난 피해도 감수해서 핵무장에 성공하더라도 과연 실효가 있을지 의문입니다. 어떤 사람들은 한국이 핵무장을 하면 북한과 '공포의 균형'을 이루어 북한이 핵무기를 포기하게 할 수 있다고 주장합니다. 그러나 5천 개가 넘는 핵을 갖고 있는 미국도 핵 위협으로 북한을 굴복시키는 데 실패했습니다. 오히려 북한은 미국의 핵 위협을 핵무장의 빌미로 이용했죠.

더구나 한국은 북한과의 핵 군비경쟁에서 크게 불리한 상황입니다. 북한은 대규모의 우라늄 광산과 우라늄 농축 및 재처리 시설을 갖고 있지만, 한국은 그렇지 않습니다. 이 시설들을 만들려면 주민들의 저항과 국제적인 제재를 감수해야 합니다. 또한 북한은 이미 여섯 차례의 핵실험도 했고, 50개 정도의 핵무기와 다량의 핵물질을 이미 보유하고 있습니다. 반면 한국은 핵실험을 하는 것 자체가 대단히 어렵고, 핵무기 보유량을 빠른 속도로 늘리는 것도 쉽지 않습니다. 지금부터 시작해도 5개 정도의 핵무기를 만드는 데 10년 정도는 족히 걸립니다. 이에 반해 도시화와 인구수, 그리고 산업화의 수준은 한국이 북한보다 훨씬 높습니다. 핵전쟁이 터지면 한국이 잃을 게 훨씬 많다는 뜻입니다. 게다가 한국이 핵무장을 하면 이웃 나라인 일본도 핵무장에 나설 공산이 큽니다.

어떤 사람들은 희생을 무릅쓰고 용단을 내려야 한다며 핵무장을 부추기기도 합니다. 하지만 그건 용단이 아니라 만용입니다. 대한민국의 미래가 오늘날의 북한처럼 되어서는 안 되잖아요? 한국은 북한이 갖지 않은 많은 것을 갖고 있습니다. 세계 최강국인 미국과 동맹 관계에 있으며 북한보다 월등한 전쟁 수행 능력을 보유하고 있습니다. 이미 대북 억제력은 충분히 강하다는 뜻입니다.

남북 관계를 꾸준히 발전시켜 전쟁 가능성을 제거하고 궁극적으로는 '핵무기와 핵 위협이 없는 한반도'를 이루려는 노력이 중요합니다. 그 길이 아무리 멀고 험하다고 해도 말이지요.

성주 주민들뿐만 아니라

다른 지역의 많은 사람도

사드 배치를 강하게 반대했으나

결국 정부 주장으로 배치를 밀어붙였습니다.

이제 우리는 안전한가요?

핵미사일을 요격할 MD는
필요하지 않나요?

안보를 위한 불가피한 선택?　핵무기만으로도 끔찍한데 핵무기
를 운반할 수 있는 미사일까지 등
장하자 사람들은 두려움에 몸서리쳤습니다. 핵폭탄을 실은 군용
기는 중간에 격추라도 시도할 수 있지만, 핵탄두를 장착한 초고속
미사일에는 속수무책으로 당할 수밖에 없다고 생각했거든요. 이
러한 두려움을 떨쳐 내기 위해 만든 것이 미사일방어체제(MD)입
니다. 날아오는 핵미사일을 중간에 요격미사일이나 레이저로 격
추할 수 있다고 믿은 겁니다. 미사일을 방어하는 방패 같은 무기
라고 할 수 있어요.

북한의 핵 개발이 눈에 드러난 2000년대 중반 이후 한미 동맹

도 북한의 탄도미사일을 방어하기 위한 미사일방어체제 구축에 나섰습니다. 안보를 위한 불가피한 선택으로 보이지만, 따져 봐야 할 문제도 있답니다. 미사일방어체제는 지독한 역설을 품고 있거든요.

2000년대 중반 우리나라가 최신형 패트리엇인 PAC-3를 미국에서 도입할 때 일입니다. 많은 군사 전문가가 패트리엇이 실전에서 형편없는 요격률을 보였고, 거리가 짧고 산악 지대가 많은 한반도의 지형을 고려할 때, 이 무기의 도입은 불필요하다고 주장했습니다. 그러나 정부는 북한의 미사일을 효과적으로 요격할 수 있다며 도입을 강행했지요.

그런데 10년 정도 지나자 패트리엇으로는 부족하다며 사드 배치가 필요하다는 주장이 제기되었습니다. 패트리엇은 20킬로미터 안팎의 높이로 날아오는 미사일을 요격하기 위한 무기인데, 북한이 이보다 높게 쏘면 당할 수 있다는 것이죠. 사드의 요격 고도는 40~150킬로미터거든요. 그런데 북한의 미사일이 패트리엇을 피해 40킬로미터 이하의 높이로 날아오거나 아예 150킬로미터를 넘겨서 날아오면 사드는 무용지물이 돼요. 전문가들도 이러한 문제를 지적했고, 시민들은 사드 배치가 예정된 경북 성주 주민들과 함께 격렬하게 저항했습니다. 하지만 정부는 "사드를 배치하면 대한민국의 3분의 2를 보호할 수 있다"라며 배치를 밀어붙였습니다.

경북 성주에 배치된 사드. 정부는 사드를 배치하면 대한민국의 3분의 2를 보호할 수 있다며 주민들의 격렬한 저항에도 배치를 강행했습니다.

이제 진짜로 안전한가?   정부의 주장대로라면, 이제 우리 국민은 북한의 미사일 위협으로부터 완전히 안전합니다. 낮게 날아오는 미사일은 패트리엇으로, 높게 날아오는 미사일은 사드로 요격하면 되니까요. 그런데 이게 웬일인가요? 북한은 2019년 5월부터 여러 종류의 단거리 미사일 시험 발사에 성공했습니다. 그러자 언론에서는 패트리엇과 사드로 단거리 미사일 요격이 어렵다며 대책을 촉구했습니다. 북한의 신형 미사일은 중간에 비행경로를 바꿀 수 있어서 더 위협적이라면서 말이에요. 이에 국방부는 미사일방어체제를 보강하겠다며 패트리엇의 속도와 사거리를 크게 높인 신형 패트리엇(PAC-3 MSE)을 미국으로부터 사들이기로 했고, 이지스함에 장착되는 요격 미사일(SM-3) 도입도 검토하기로 했습니다. 한국이 자체적으로도 요격미사일을 개발해 배치하기로 했고요.

이 무기들을 배치하면 우리는 진짜로 안전해질까요? 미사일방어체제의 한계와 한반도의 지리적 여건을 고려하면 '그렇다'라고 대답하기 어렵습니다. 미사일방어체제는 흔히 방패 같은 무기라고 말하지만, 화살이나 창이나 총알을 막는 방패와는 차원이 다릅니다. 초속 3킬로미터 안팎으로 날아오는 미사일을 미사일이나 레이저로 요격하는 것이어서 '총알로 총알 맞히기'로 불리거든요. 그만큼 확률적으로 요격이 쉽지 않습니다. 더구나 미사일방어체제를 회피할 수 있는 방법도 있습니다. 미사일을 더 많이 만들거나, 미사일에 탄두를 여러 개 달거나, 진짜 탄두와 가짜 탄두를 섞어서 발사하면 요격의 적중률은 더 낮아집니다. 드론을 미사일과 섞어서 날려보내도 마찬가지고요.

사실 미사일방어체제의 성능이 아무리 좋아져도 한반도의 지리적 특성을 극복할 수는 없다는 점은 매우 중요합니다. 남북한이 휴전선을 맞대고 있고 종심이 짧아 어떤 미사일방어체제를 갖다 놓아도 곧 무용지물이 될 것이기 때문입니다. 패트리엇만 있으면 될 것 같았는데, 패트리엇만으로는 안 된다며 사드를 배치하고, 또 패트리엇과 사드만으로는 부족하다며 또 다른 요격 무기를 구입하려는 것에서도 알 수 있지요.

그럼에도 없는 것보다는 있는 게 낫지 않느냐고 반문할 수는 있습니다. 국방비를 대폭 투입해 차곡차곡 미사일방어체제 자산을 배치하면 언젠가 완벽에 가까운 방어망을 구축할 수 있다고 생각할 수도 있고요. 하지만 밑 빠진 독에 물 붓기입니다. 미사일방어체제는 굉장히 비싼 무기입니다. 사드 1개 포대만 해도 1조 원이 훌쩍 넘습니다. 완벽한 방어망을 구축하려면 천문학적인 돈이 들어갈 수밖에 없습니다. 이렇게 되면 교육, 복지, 일자리 창출과 경제 발전, 그리고 미세먼지와 기후변화 대책 같은 환경에 쓸 수 있는 예산을 확보하기 어려워집니다. 오직 미사일방어체제를 판매하는 군수업체만 배부르게 하는 일입니다.

상대가 안전해야 나도 안전하다 그런데 이것보다 더 주목해야 할 문제가 있습니다. 미사일방어체제가 미사일을 요격하지 못해도 문제이지만, 잘 요격해도 큰 문제가 일어날 수 있거든요. 무슨 뚱딴지 같은 소리냐고요? 이렇게 질문해 볼까요? 한미 동맹이 완벽에 가까운 미사일방어체제를 구축 하면 북한은 어떻게 대응할까요? 핵과 미사일을 가져 봐야 소용없 다며 기존의 무기들을 폐기하고 살려 달라고 빌까요? 아니면 미사 일방어체제를 무력화하기 위해 더 다양한 미사일을 더 많이 개발하 고 배치할까요? 아마도 후자일 겁니다. 그러면 우리는 더 큰 안보 불 안에 시달리게 될 거예요. 실제로 이런 양상은 벌어지고 있습니다.

일찍이 영국 총리 윈스턴 처칠은 "취약성이 안보에 기여한다" 라고 말했어요. 무슨 말이냐고요? 쉬운 말로 설명해 볼게요. 이를 테면, 공격용 무기로 무장한 적대 관계에 있는 두 나라가 있습니다. 그런데 그중 한 나라가 상대방의 공격용 무기를 무력화할 수 있는 방어용 무기를 갖게 되면 어떻게 될까요? 그 나라는 안전해졌다고 믿겠지만, 상대 나라는 공격당할 수 있다는 불안에 시달리겠지요. 그리고 그 불안감을 씻기 위해 자신도 방어용 무기를 갖거나, 공격 용 무기를 더 많이 만들어 놓고 여차하면 먼저 쏠 준비를 할 거예 요. 그럼 또 방어용 무기로 무장했던 나라가 불안해집니다. 이게 바 로 안보 딜레마입니다.

처칠은 바로 이 점을 간파한 것입니다. 그래서 방어용 무기까 지 갖춰 놓고 절대 안보를 추구하는 것보다 공격용 무기로 상호 간의 억제가 작동하게 하는 것이 안보에 더 이롭다고 본 것이죠. 공격용 무기로 대치한 상황에서는 어느 한쪽이 먼저 공격하면 상대방의 보복으로 우리도 피해를 입을 수 있으니 자제하게 된다는 뜻입니다. 이러한 의도가 고스란히 반영된 것이 바로 1972년 미국과 소련이 체결한 탄도미사일 방어(ABM) 조약입니다. 서로가 사실상 미사일방어체제를 구축하지 않겠다고 약속한 조약이에요. 그리고 이 조약은 2002년 미국이 일방적으로 탈퇴할 때까지 30년 동안 "세계 평화와 안정의 초석"이었다는 칭송을 받았습니다.

물론 억제에 의존하는 평화는 완벽할 수 없습니다. 그러나 무용지물에 가까운 미사일방어체제를 구축하면서 군비경쟁을 하고 안보 딜레마를 격화시키는 방식보다는 효과적이라는 것이 핵 시대의 지혜입니다. 한국군과 한미 동맹은 이미 충분한 대북 억제력을 갖추고 있습니다. 한편 더 나은 방식도 찾아야 합니다. "상대방을 불안하게 만들어야 내가 안전해질 수 있다"라는 사고에서 "상대방이 안전을 느껴야 나도 안전해질 수 있다"라는 발상의 전환이 요구됩니다.

미사일방어체제가 무용지물이라고 하면, 어떤 사람들은 이스라엘의 사례를 들어 반박하곤 합니다. 이스라엘은 '아이언 돔'을 비롯해 세계 최강의 방어망을 구축한 나라입니다. 실제로 이스라엘은 인접한 하마스나 헤즈볼라, 그리고 2000킬로미터가량 떨어진 이란과의 교전에서 상대의 로켓과 미사일을 대거 요격해 전 세계를 놀라게 만들곤 합니다. 이에 고무된 탓인지 한국도 '한국형 아이언돔'을 비롯해 방어망 구축에 상당한 공을 들이고 있지요.

그런데 생각해 볼 문제가 있습니다. 이스라엘 영토는 한국의 경상북도만 한 크기로, 영토가 작을수록 방어망 구축이 용이합니다. 또 이스라엘은 미국의 지원을 포함해 연간 4조원가량을 방공망에 쓰고 있어요. 더 중요한 문제도 있습니다. 이스라엘은 막강한 방공망에 고무돼 너무 쉽게 주변국을 공격하곤 합니다. 상대에게 더 큰 피해를 입힐 수는 있지만, 방공망이 100퍼센트 완벽할 수 없기에 이스라엘도 적지 않은 인적·물적 피해를 입게 되지요. 어떤가요? 이스라엘의 안보 정책이 현명한 것인지, 여러분도 토론해 보면 좋겠습니다.

20

한반도 비핵화는
이루어질까요?

핵이 없어도 안전하다는 확신　우리가 사는 한반도의 핵 문제는 어떻게 풀 수 있을까요? 북한이 핵무기를 갖자 우리나라 사람들 가운데에는 "핵무기를 머리에 이고 살 수는 없다"라고 말하는 분들도 있습니다. 북한의 핵무기가 한반도의 평화와 통일을 어렵게 하고 유사시 엄청난 피해를 가져올 수 있다는 점에서 언젠가는 없애야 할 무기인 것만은 틀림없습니다. 그럼 어떻게 없앨 수 있을까요?

안보는 상대가 있는 게임입니다. 핵 억제 이론의 문제는 여기에서도 발견할 수 있어요. '내가 갖고 있는 핵무기로 전쟁을 막을 수 있다'고 믿는다면, 상대방의 핵무장 논리를 비판하기 어려워지

2018년 5월 24일 북한은 풍계리 핵실험장 시설을 폭파했습니다.
폭파하기 한 달 전 판문점에서 열린 남북정상회담에서 합의한
비핵화의 첫 이행 조치였습니다.

는 겁니다. 그래서 필요한 것이 역지사지의 태도입니다. 즉 상대방의 핵무기에 내가 위협을 느끼듯이, 나의 핵무기나 군사력도 상대방에게 위협이 된다는 지극히 상식적인 사실을 인정해야 합니다. 북한과 미국 모두 이러한 태도를 가져야 합니다. 한국은 두 나라가 이러한 태도를 가질 수 있게 노력해야 하고요.

당연한 이야기이지만, 북한이 핵을 포기하려면 '핵무기가 없어도 안전하게 잘살 수 있다'는 확신이 필요합니다. 또 핵무기를 갖는 것보다 포기하는 것이 훨씬 이득이라는 것도 깨우쳐야 하고요. 하

지만 지금까지는 그러지 못했던 것 같아요. 한때 미국은 전쟁을 통해 북한의 핵 보유를 막으려는 시도를 했는데, 이 시도는 오히려 북한의 핵무장을 부채질했습니다. 경제적으로 아주 어렵게 만들고 국제적으로 고립시키는 방법도 북한의 태도를 바꾸지 못했고요.

북미 공방에 난처한 한국　　과거에 북한이 내놓은 요구는 대략 이렇습니다. 비핵화의 조건으로 미국이 더는 북한을 위협하지 않는다고 보장하고, 경제 발전을 저해하는 제재를 풀어야 하며, 정전협정을 평화협정으로 전환해 적대 관계를 청산하고 관계를 정상화해야 한다는 것입니다. 또 이러한 목표에 도달하기 위해서는 단계적으로 합의 사항을 이행해 신뢰를 쌓아야 한다는 점을 강조했습니다. 반면 미국은 북한이 먼저 비핵화 조치를 취해야 한다고 주장했습니다. 그리고 핵무기뿐만 아니라 모든 탄도미사일과 화학무기 및 생물학무기도 포기하라고 요구했습니다.

　　이러한 북미 간의 공방으로 인해 한국은 난처한 입장에 놓이기도 합니다. 북한은 우리와 군사적으로 대치하고 있지만 화해와 협력을 통해 평화와 번영을 이루고 궁극적으로는 통일해야 하는 상대이기도 합니다. 미국은 우리의 유일한 동맹국이지만 우리와 이해관계가 완전히 일치하는 것은 아닙니다. 사정이 이렇다 보니 북한은 우리에게 '같은 민족이니 우리 편을 들라' 하고 미국은 '동맹국이니 같은 편이 되어야 한다'고 요구했었지요. 이른바 '민족 공조'와 '한미 공조'의 충돌입니다. 북미 관계가 좋으면 문제가 없는데, 북미 관계가 나빠지면 한국의 고심도 커질 수밖에 없었던 것이죠.

그런데 이것도 과거의 일이 되어 버렸습니다. 북한은 2018~2019년에 있었던 남북 정상회담과 북미 정상회담이 기대 이하의 결과만 가져왔다고 여겨 2020년부터 '안보는 핵무기로, 경제는 자급자족과 자력갱생으로, 외교는 중국과 러시아 중심으로' 내달아 왔습니다. 또 핵 무력법을 제정하고 헌법을 개정해 "불가역적인 핵 보유국"을 명시해 버렸습니다. 설상가상으로 2023년 연말부터는 남북 관계가 같은 민족도 아니고 통일을 지향하는 관계도 아니라 '적대적이고 교전 중인 두 국가로 고착화되었다'는 입장을 유지해 왔어요. 미국에서도 한반도 비핵화는 먼 미래의 과제로 여기고 북핵 동결이나 감축을 추진하는 게 현실적이라는 주장이 고개를 들고 있고요.

그래도 우리는 '핵무기와 핵 위협이 없는 평화로운 한반도'를 결코 외면해서도, 포기해서도 안 됩니다. 오히려 신발 끈을 더욱 조이면서 우리가 해야 할 일을 찾아야 합니다. 한반도 핵 문제와 북미

2018년 4월 27일 한국의 문재인 대통령과 북한의 김정은 국무위원장이
판문점 군사분계선에서 만나 악수했습니다. 김정은 위원장은 남북 분단 이래 남측 땅을
처음으로 밟은 북한 지도자가 되었습니다.

갈등이 풀리지 않으면 한국은 가장 큰 피해자가 될 수 있습니다. 반
대로 문제들이 풀리면 한국은 가장 큰 수혜자가 될 수 있어요. 전
쟁 걱정은 깨끗이 잊고 북한을 거쳐 광활한 유라시아 대륙으로 뻗
어 갈 수 있기 때문입니다.

　상대의 선택을 바꿀 수 있는 힘은 크게 두 가지가 있습니다. 군
사력이나 경제력 같은 물리적인 힘으로 상대방의 선택을 압박하는
'하드 파워', 그리고 외교력이나 가치 같은 정신적인 힘으로 상대방

의 선택을 유도하는 '소프트 파워'입니다. 한국은 북한과 미국의 선택을 압박할 수 있는 '하드 파워'가 약할 수밖에 없습니다. 우리가 발휘할 수 있는 힘은 '소프트 파워'입니다. 전문성과 창의적인 아이디어로 설득과 공감의 리더십을 발휘해야 합니다.

과거에 북한과 미국 모두 '비핵화'에 대해 말했지만, 두 나라가 말하는 비핵화는 매우 달랐습니다. 미국은 북한이 두 번 다시 핵무기를 만들 수 없도록 모든 핵 프로그램을 폐기하고 핵뿐만 아니라 생화학무기와 모든 탄도미사일까지 폐기하는 것이 비핵화라고 주장했습니다. 한편 북한은 자신의 핵 포기뿐만 아니라 미국이 더는 핵으로 위협하지 않는 것을 비핵화라고 했습니다. 이 차이로 인한 갈등과 대립은 1990년대 초부터 계속 반복되어 왔지요. 이 두 나라 사이에서 우리는 어떤 묘안을 내놓을 수 있을까요?

비핵화에서 비핵지대로   1990년대 초반에 시작된 비핵화 협상이 실패로 돌아간 중요한 원인은 비핵화를 하자고 합의해놓고 정작 비핵화가 무엇인지에 대한 합의는 없었다는 것입니다. 북한과 미국이 말하는 비핵화가 크게 달랐다는 것은 앞에서 설명했어요. 한국의 경우에는 정권에 따라 비핵화의 정의가 달랐고요. 이에 반해 지금부터 설명할 비핵지대는 하나의 국제 규범으로 자리 잡으면서 보다 분명한 정의가 존재합니다.

비핵지대는 한국과 북한이 핵무기를 개발·제조·실험·접수·보유하지 않는다는 점에서는 비핵화와 동일합니다. 그런데 비핵지대는 여기에서 그치지 않아요. 공식 핵 보유국이자 유엔 안전보장이사회 상임이사국인 미국·중국·영국·프랑스·러시아가 남북한을 상대로 핵무기를 사용하거나 사용하겠다는 위협을 가하지 않고, 핵무기 배치도 금지한다는 핵 보유국의 의무도 담겨 있어요. 따라서 한반도 비핵지대는 남북한과 5대 공식 핵 보유국이 국제법적 효력을 갖는 조약을 체결하는 형태라고 할 수 있어요. 그래서 저는 '한반도 비핵화'라는 용어를 '한반도 비핵지대'로 대체해서 핵 문제 해결을 다시, 그리고 새롭게 시작해야 한다고 주장합니다.

물론 이렇게 한다고 해서 핵 문제가 단박에 해결될 수는 없겠지요. 그래서 '핵동결→핵군축→비핵지대'로 이어지는 프로세스를 계획하고, 이를 가능케 하는 조건과 환경을 만드는 게 중요합니다. 저는 이걸 '마차가 말을 끄는 방식에서 말이 마차를 끄는 방식으로 전환해야 한다'고 표현합니다. 대규모 한미 연합 군사훈련의 축소 혹은 중단, 한미 동맹의 군사력 증강 자제, 대북 제재 해결, 평화협정 체결, 북미 수교 등을 북핵 해결 막바지나 그다음으로 상정할 것이 아니라 북핵 해결 앞에, 혹은 그 과정에 두어야만 "핵 무기와 핵 위협이 없는 한반도"를 향한 마차가 움직일 수 있으니까요. 사실 이런 방식은 우리에게도 이롭습니다. 전쟁 위협을 낮추고 경제적으로도 이롭기 때문이죠.

아마도 한반도 핵 문제 해결에는 오랜 시간이 걸릴 겁니다. 기성세대가 이 문제를 해결해 여러분에게 핵무기와 핵 위협이 없는 미래를 만들어 주면 좋겠지만, 어쩌면 여러분이 이 문제 해결에 주역으로 나서야 할 수도 있습니다. 제가 새로운 대안이자 궁극적인 해법으로 비핵지대를 여러분에게 소개한 이유도 여기에 있습니다. 미래는 주어진 것이 아니라 우리 스스로 만들어 가는 것이니까요.

'신의 불'과
'신의 지능'이 만나면

<터미네이터>가 현실로?　이제 여러분도 익숙해지고 있는 인공
지능(AI)과 핵무기의 관계에 대해서
살펴볼게요. 핵무기 개발 초창기에 여러 과학자들은 핵을 '신의 불'
이라고 불렀습니다. 그로부터 80여 년이 지난 오늘날 인공지능이
인간을 초월해 '신의 지능'에 도달할 수 있다는 주장이 나옵니다. 테
슬라로 잘 알려진 일론 머스크는 AI가 잘못 사용되면 '디지털 신
(God-like AI)'이 되어 인간을 지배할 수 있다고 경고했고, 미래학자
닉 보스트롬은 AI가 초지능(Superintelligence)으로 발전하면 인간이
통제할 수 없는 신적인 존재가 될 수 있다고 주장하고 있어요. 물론
AI가 전지전능하고 독립적인 의지를 보유한 신이 될 수는 없을 겁

니다. 하지만 AI의 발전 속도가 인간의 이해와 통제 범위를 넘어설 수 있다는 주장은 끊임없이 나오고 있습니다.

인간이 만들었지만, 인간이 통제하기 가장 어려운 핵무기와 AI 가 만나면 어떻게 될까요? 아마 핵과 인간의 미래에 있어서 가장 흥미롭고도 중요한 질문이 아닐까 합니다. 여러분과 같은 미래 세대에게는 더욱 흥미롭지만 골치 아픈 문제가 되겠죠. 저와 같은 어른들은 영화 〈터미네이터〉를 떠올립니다. 영화는 한 IT기업이 개발한 스카이넷(skynet)이라는 AI 기반 전략 방위 시스템이 의도적으로 핵전쟁을 일으키면서 시작됩니다. 스스로 학습하는 것은 물론이고 이해와 사고 능력도 갖고 있는 스카이넷이 자신의 발전을 두려워한 인간이 이 시스템을 정지하려고 하자 인간을 적으로 간주하면서 벌어진 일을 영화로 그린 것이죠.

그러고 보니 최근 나온 영화 중에도 비슷한 것이 있네요. 〈미션 임파서블〉 시리즈의 최종편인 〈미션 임파서블: 파이널 레코닝〉인데, 저도 이 영화가 개봉되었을 때 아들과 같이 봤습니다. 영화가 끝나고 나서 아들이 묻더군요. "아빠, 진짜 AI가 핵전쟁을 일으킬 수 있어?"

여러분은 어떻게 생각하세요? AI가 핵무기와 결합된다고 해도 이 영화들에서 그린 인류 종말 시나리오가 현실이 될 가능성은 거의 없습니다. AI가 인간보다 뛰어난 능력으로 데이터 학습과 복잡한 연산을 수행하고 기존 데이터를 활용한 새로운 결과물을 만들 수는 있지만, 인간처럼 감정과 의식을 가질 수는 없기 때문입니다. 가령 AI는 인간과의 바둑 시합에서 이겼다고 기뻐하고, 졌다고 슬퍼하지는 않습니다. 그래서 〈터미네이터〉의 스카이넷처럼 인간에 반감을 갖고 적으로 간주하는 AI가 등장하지는 않을 것이라고 해요. 또 〈미션 임파서블: 파이널 레코닝〉에 나오는 엔티티처럼 알고리즘을 이용해 세계 질서와 정보를 조작하고 인간을 조종해 권력을 장악하려는 AI도 영화 속 이야기이겠죠.

키신저의 경고 하지만 안심할 수는 없어요. 2025년 초 챗지피티 (ChatGPT)로 유명한 빅테크 기업 오픈AI는 미국 정부와 AI 파트너십을 맺었습니다. 그리고 여기에는 "핵전쟁 위험을 줄이고, 전 세계의 핵물질과 핵무기의 안전을 지키는 데 집중한다"라는 내용도 들어갔어요. 구체적인 내용은 아직 파악되지 않았지만, AI와 핵무기의 연결이 시작되고 있다는 증표로 해석할 수 있습니다. 또 이미 AI를 탑재한 드론이나 로봇이 자율적으로 표적을 식별하고 공격하는 기술이 개발되고 있기에 핵무기와 AI의 결합도가 높아질 가능성도 배제할 수 없어요.

이처럼 암울한 가능성을 경고하면서 인류 사회의 각성을 촉구한 대표적인 인물이 헨리 키신저입니다. "미국 외교의 아이콘"으로 불린 키신저는 AI가 핵무기 및 군사전략에 미칠 위험성을 지적했어요. AI가 핵전쟁을 포함한 군사적 의사결정을 인간보다 빠르게 수행할 수 있는 반면, 이 과정에서 AI가 적국의 행동을 위협으로 오판하고 선제공격을 감행할 경우 걷잡을 수 없는 사태가 벌어질 수 있다고요. 또 인간과 달리 생명이 없는 AI가 핵전략을 맡으면 "이길 수 있는 핵전쟁"을 설계할 수도 있고, 인간이 알 수 없는 이유로 적국의 핵 공격이 임박했다고 판단해 인간에게 선제공격을 권하거나 자신이 직접 실행할 수 있다고 지적합니다. 아울러 AI가 해킹으로 조작될 위험도 있다고 하고요.

이러한 이유로 키신저는 AI와 핵무기가 결합하는 것을 방지하기 위해 국제 협력과 규제가 필요하다고 주장했습니다. AI가 핵무기 의사결정에 직접 개입하지 못하도록 법적·윤리적 장치를 마련하고, AI 군비경쟁을 방지하기 위해 국제 협정을 체결해야 하며, AI가 인간의 판단을 넘어서는 결정을 내리지 못하도록 "AI 킬 스위치" 같은 통제장치를 만들어야 한다는 것이죠. 키신저뿐만 아니라 여러 사람들도 비슷한 주장을 해 왔습니다.

방어용 AI는 괜찮을까? 저는 앞서 핵의 세계사를 제대로 이해하려면 미사일방어체제도 살펴봐야 한다고 설명했습니다. AI의 등장이 이 둘의 관계에 어떤 영향을 미칠지도 따져봐야 합니다. 핵미사일은 초고속으로 비행하기 때문에 이를 탐지·추적·요격하기 위해서는 신속한 의사결정이 매우 중요합니다. 그런데 AI는 방대한 데이터를 실시간으로 분석해 신속한 대응 방안을 제시할 수 있습니다. 핵무기·MD·AI 분야에서 선두를 달리고 있는 미국은 이러한 점에 주목해 2024년부터 AI 기반 MD 연구를 진행해 오고 있습니다. 특히 2025년에 트럼프 행정부는 우주에 요격 체제를 대거 구축하는 '골든 돔'을 추진하겠다고 발표했는데요. 이 계획에 AI 기반 기술을 대거 활용할 거라고 해요. 그럼 MD는 방어용이니 AI를 접목하는 것은 괜찮은 일일까요? 저는 19장에서 설명한 것보다 더 큰 문제가 야기될 수 있다고 생각합니다. 강력한 공격력을 갖춘 나라가 AI와 결합된 MD를 만들어 강력한 방어력까지 보유하면 그 적대국은 어떻게 반응할까요? 이에 대해서는 여러분이 생각해 보고 토론해 보면 좋겠어요.

핵무기의 등장은 경쟁심과 탐욕, 그리고 자기 보호 본능을 동시에 만들어 냈어요. '절대 무기'를 손에 쥐고 상대보다 더 많이, 더 빨리, 더 멀리, 더 정확히 날릴 수 있는 능력을 가지면 강대국이 될 수 있다는 욕망이 여러 나라를 배회했지요. 동시에 이 무기를 통제하지 않으면 '신의 불'을 인류에 주었다가 매일 독수리에게 간이 쪼이는 벌을 받은 프로메테우스의 운명에 처할 것이라는 자각도 일어났습니다. 경쟁심과 탐욕, 그리고 인간 보호 본능을 같이 품고 있는 AI도 마찬가지 아닐까요?

핵 없는
세상을 위한
약속

여러분, 핵무기에 대해서 알게 되니 어떤가요? 저는 여러분이 이 책을 읽으면서 핵 문제가 어른들만의 문제가 아닌 자신의 문제이기도 하다는 것을 깨닫게 된다면 더 바랄 것이 없습니다.

두 아이의 아빠인 저는 "우리 아이들에게 줄 수 있는 최고의 선물은 평화"라는 생각으로 활동해 왔습니다. 평화를 위해서 해야 할 일은 많이 있지만, 그중에서도 가장 중요한 것이 '전쟁과 핵 없는 세상'을 만드는 일이라고 생각해요. 제 생전에 이 꿈이 이루어질지 모르겠지만, 어리석은 사람이 산을 옮긴다는 우공이산(愚公移山)의 정신으로 뚜벅뚜벅 걸어가려고 합니다. 여러분도 함께해 주시면 전쟁 없고 핵 없는 세상은 더 빨리 오겠지요.

'탈핵'이라는 말 많이 들어 봤지요? 탈핵은 한마디로 '핵에서 벗어나자'는 뜻이에요. 핵무기를 가진 나라들은 물론이고 핵이 없는 나라 중에서도 안보를 핵무기에 의존하고 있는 나라가 있어요. 자체적으로 핵무기를 만든 북한은 물론이고 미국의 핵우산 아래에 있는 한국도 여기에 해당하지요. 탈핵은 안보 정책에서 핵무기에 대한 의존을 벗어나자는 뜻이기도 합니다. 우리나라를 비롯해 많은 나라가 전기 생산을 원자력발전에 의존하고 있어요. 탈핵의 또 하나의 목표는 에너지 분야에서도 점차적으로 원자력 의존을 줄여 나가 궁극적으로는 원자력발전소를 없애자는 것입니다.

이를 위해서는 '핵무기가 평화를 지켜 준다'는 핵 억제 이론과 '원자력은 안전하고 저렴한 에너지원'이라는 신화를 깨는 작업이 필요합니다. 핵이 전쟁도 없애 주고 에너지 문제도 해결해 준다는 '핵에 의한 자유'에서 핵과 인류의 미래는 공존할 수 없다는 '핵으로부터의 자유'를 추구해야 합니다.

'핵 억제'는 나를 건드리면 핵무기로 보복할 거라고 위협해서 나를 건드리지 못하도록 하겠다는 것입니다. 이는 '냉전'이라는 말하고도 연결됩니다. 미국과 소련이 극심한 이념 대결과 핵무기 경쟁을 벌였는데도 두 나라 사이에 전쟁이 일어나지 않은 핵심적인 이유가 바로 핵무기에 있었다고 주장하는 사람들이 있습니다. 서로

'공포의 균형'을 이루어 냈다는 거죠. 그래서 어떤 이들은 냉전 시대를 '긴 평화의 시대'라고 표현한답니다.

핵 억제 전략이 통하려면 상대방에게 보복할 수 있는 능력과 의지를 갖추는 것이 필수입니다. 그리고 상대방이 손해 보는 행동은 하지 않을 것이라는 믿음도 있어야겠지요. 여기서 모순이 발견됩니다. 적이 나를 핵무기로 공격할 수 있다는 '불신'과 모두가 죽을 수 있는 행동은 하지 않는다는 '믿음'에 의해 '공포의 균형'이 이루어지면서 핵전쟁을 막을 수 있다는 것입니다.

이처럼 불안하기 짝이 없는 불신과 믿음 사이에 인류의 생존이 달려 있다는 것 자체가 대단히 위험천만합니다. 게다가 이러한 상황에서는 평화의 조건인 신뢰를 만들어 내고 군비경쟁을 줄이는 일도 불가능합니다. 사람이 실수하거나 오해해서, 또는 컴퓨터와 AI 등 기계가 잘못 작동해서 원하지 않는 핵전쟁이 벌어질 가능성도 있습니다. 인간도 기계도 완벽할 수는 없으니까요.

미국과 소련이 핵무기 경쟁을 벌이던 '냉전 시대'를 지나 최근에는 미국과 중국의 AI 경쟁이 치열해지고 있습니다. 저는 이걸 '기술 냉전'이라고 부르고 싶어요. 이 기술 냉전 시대에도 핵무기 경쟁은 여전히 치열합니다. 인간이 만들어 냈지만 가장 통제하기 힘든 핵무기 경쟁과 AI 경쟁이 만난다면 어떤 일이 벌어질까요? 저는 이

것이 기후 위기와 더불어 인류의 미래에 가장 중요한 질문이 될 거라고 생각합니다.

이제는 '핵발전이 안전하고 저렴한 에너지원'이라는 신화에서 벗어나야 합니다. 1979년 미국의 스리마일 원전 사고, 1986년 소련의 체르노빌 원전 사고, 그리고 2011년 일본의 후쿠시마 원전 사고에서 알 수 있듯이 원자력발전소에서 사고가 나면 엄청난 피해가 발생합니다. 세계에서 원자력발전소 밀집도가 가장 높은 우리나라가 반드시 알아야 할 대목입니다.

또 원자력발전이 결코 저렴한 것도 아닙니다. 이미 많은 나라에서 원자력발전의 비중을 크게 줄이면서 태양광발전이나 풍력발전 같은 재생에너지에 투자하고 있습니다. 그 결과 재생에너지의 생산 단가가 원자력보다 저렴해지기 시작했습니다. 그래서 저는 상대적으로 단가가 저렴한 기존 원전은 수명 기간까지 가동하고 단가가 매우 비싼 신규 원전 건설은 중단하면서 그 공백을 재생에너지로 메워 나가는 방식이 경제적으로도 바람직하다고 생각해요. 재생에너지의 탄소 배출량이 원전보다 적다는 이점도 있고요.

원자력발전소를 가리켜 '화장실 없는 집'이라고 표현하는 경우도 있는데요, 위험천만한 고준위 방사능 덩어리인 사용 후 핵연료를 영구적으로 처분하는 것도 매우 어렵고, 처분장을 만드는 데에

2017년 9월 노벨평화상을 수상한 ICAN(핵무기철폐국제운동)의 활동가들이
베를린의 미국 대사관 앞에서 북한과 미국의 핵 갈등을 풍자하는
시위를 하고 있습니다.

도 천문학적인 비용이 들기 때문입니다. 그래서 계속 원자력발전에

의존하는 것은 미래 세대에게 위험과 비용을 떠넘기는 것이나 마찬

가지입니다. 우리 청소년들이 관심을 가져야 할 문제입니다.

　'핵 없는 세상'은 이상일 뿐, 현실에서는 불가능하다고 생각할

수도 있습니다. 그러나 핵 없는 세상을 꿈꾸는 사람이 많아질수록,

그리고 실천에 옮기는 사람이 늘어날수록, 핵 없는 세상은 빨리 이

루어질 수 있습니다. 미래 세대인 여러분의 생각과 실천이 중요합

니다. 여러분은 일상생활에서 에너지 소비를 줄이는 일부터 시작할

수 있겠지요. 그리고 친구와 갈등이 생겼을 때 대화로 풀어 나가는 습관을 기르는 것이 중요합니다. 큰 평화도 작은 평화를 가꿔 나가는 일에서부터 이루어지니까요.

2012년의 일로 기억합니다. 오스트리아 빈에서 열린 핵 문제 국제회의에 참석한 저의 숙소는 '핵 벙커'였습니다. 냉전 시대에 핵전쟁이 일어나면 대피하기 위해 만든 곳입니다. 저는 그곳에서, 그리고 회의장 곳곳에서, 세계 각지에서 온 청년들을 만났습니다. 이들은 'ICAN(핵무기철폐국제운동)'이라는 단체를 조직해 핵무기 폐기를 위한 국제적인 캠페인을 전개하고 있었어요.

그런데 5년 후 'ICAN'이 노벨평화상을 수상했다는 소식을 들었습니다. 그러자 국내 언론사 몇 곳에서 저에게 연락해 왔어요. 이 단체 홈페이지(www.icanw.org)에 제가 대표로 있는 평화네트워크가 회원 단체로 등록되어 있었기 때문입니다. 평화네트워크도 2012년에 'ICAN'에 가입했거든요. 당시 제가 그 청년들에게 했던 말이 떠올랐습니다.

"머지않아 한국의 청년들도 핵무기 없는 세상을 향한 여러분의 고귀한 캠페인에 동참할 수 있기를 바랍니다. 그렇게 될 수 있도록 저도 힘껏 노력하겠습니다."

이 책이 그때의 약속을 실현하는 작은 실천이기를 바랍니다.

홍미진진 오싹 핵의 세계사
아인슈타인에서 AI까지 핵무기 이야기

2020년 10월 15일 초판 1쇄 발행
2022년 4월 5일 초판 3쇄 발행
2025년 9월 5일 개정판 1쇄 발행

펴낸이 이제용 | 지은이 정욱식 | 그린이 소복이
펴낸곳 갈마바람 | 등록 2015년 9월 10일 제2019-000004호
주소 (06775) 서울시 서초구 논현로 83, A동 1304호(양재동, 삼호물산빌딩)
전화 (02) 517-0812 | 팩스 (02) 578-0921
전자우편 galmabaram@naver.com
블로그 blog.naver.com/galmabaram
페이스북 www.facebook.com/galmabaram

편집 변은숙, 오영나 | 디자인 이새미, 박소희
인쇄 · 제본 이지프레스

사진 제공 wikimedia commons, 조선중앙통신, 연합뉴스, AP, 미국 국립문서보관소(NARA)
저작권자와 연락이 닿지 않아 게재 허락을 받지 못한 사진은 저작권자와 연락이 닿는 대로
사용 절차를 진행하겠습니다.

ISBN 979-11-91128-07-9 43300